江昊然 編著

# 金錢會聽話

―― 重寫你的財務信念與行動 ――

錢不是你賺不到，而是你不自覺地在拒絕它

錢只是表面，你真正面對的，是焦慮、價值感與安全感的失衡

錢的去留，從來不是數字問題，
而是心理系統的回應

# 目錄

序言：真正的距離，是你還沒意識到的那個想法 ………… 005

第一章　你其實沒缺錢，你缺的是金錢安全感 ………… 009

第二章　你和金錢的關係，是誰教你的？ ……………… 043

第三章　不是你不會存錢，而是你害怕錢留下來 ……… 077

第四章　錢花到哪裡，出賣了你是誰 …………………… 107

第五章　當你還停留在舊設定，
　　　　再努力也難突破收入瓶頸 ………………………… 137

第六章　賺不到錢？你可能用錯了努力方向 …………… 165

第七章　不是你理財錯，是你決策方式出問題 ………… 191

第八章　財富自由，是一種心理狀態，不是金額條件 …211

目錄

第九章　你的金錢語言，決定你能走多遠 ………………… 231

第十章　設計你的財務心理系統，讓錢流進來 ………… 255

# 序言：
## 真正的距離，
## 是你還沒意識到的那個想法

當你翻開這本書，很可能已經在心中浮現過這個問題：「我與有錢人之間的差距，到底是什麼？」大部分人會直覺地回答：收入、資源、人脈甚至是運氣。但多年來，我在財務心理諮商與行為觀察中發現，最關鍵的距離往往不是這些外在條件，而是一種深藏在潛意識中的「思維預設」。

所謂「思維預設」，是一種你未必察覺，但卻不斷運作的心理程式碼。它透過你每天使用的語言、對金錢的情緒反應，以及對自身價值的判斷，悄悄決定你能觸碰到的財富範圍。換句話說，你和金錢之間的關係，早在你學會第一個關於錢的概念時，就已經被某種模式所塑造。這個模式可能來自家庭教育、文化暗示、社會比較，或是過去一次深刻的金錢經驗。它不是靜態的，但如果不去覺察與調整，它會成為你看不見的牢籠。

這本書的核心，不是教你最新的理財工具，也不是提供萬用的投資公式，而是引導你從心理與語言層面，重建你與金錢的關係。我們將探討，日常中不經意說出的「我不會理財」、「錢很難賺」、「我不是有錢命」這些語句，如何成為潛意識的暗示，

## 序言：真正的距離，是你還沒意識到的那個想法

默默塑造你的行為邊界。心理語言學的研究已經證實，重複的語言會內化成信念，信念則驅動選擇，選擇最終累積成現實。

因此，改變財務現況的第一步，不在於計算複利或學習投資技巧，而是改寫你跟金錢的對話方式。當語言發生變化，信念會跟著鬆動，行為模式也才有機會重組。這是一條由內而外的轉變之路，而不是反過來。

從第一章開始，你將學會辨識並改寫這些語言陷阱，認識「金錢語言」如何影響你的行動範圍與自我定位。中段章節會帶你設計專屬的「財務心理模組」，包括金錢角色分工、目的導向的花費系統、金額層級反應模式與金錢焦慮應變 SOP。這些模組不僅是管理金錢的工具，更是安頓心理狀態、建立掌控感的結構。當你的系統穩定，金錢不再只是需要抓住的東西，而是願意流入並留在你的生活中。

你會發現，當語言與信念對齊，金錢行為會從「被動應付」轉變為「主動設計」。你不再只是消費者，而會成為創造者、規劃者、守護者。你會懂得為錢安排角色、建立流動的節奏，甚至在面對不確定時，也能用已設計好的應對系統，減少焦慮與失序。這種主動性，不是從天而降，而是透過一次次有意識的語言選擇與心理練習累積而來。

到最後幾章，我們將進一步探討如何成為一個真正準備好接收財富的人。這意味著，你不僅能在財富來臨時不退縮、不

逃避，還能擁有承接與運用的結構。這包括心理上的「接收狀態」與實際的「財富承接系統」，讓金錢不僅進得來，更能留下來並持續擴張。

　　這不是一本要你「相信就會富有」的勵志書，而是一份讓你重新獲得財務主動權的心理與語言操作手冊。當你讀完並實踐書中的練習，你會發現，你和有錢人最大的距離，不是資源多少，而是是否已經意識到、並改寫了那個藏在心底的想法。因為真正的距離，不在外在世界，而在你是否願意為自己換上一套新的心理語言，讓金錢願意聽你的話。

序言：真正的距離，是你還沒意識到的那個想法

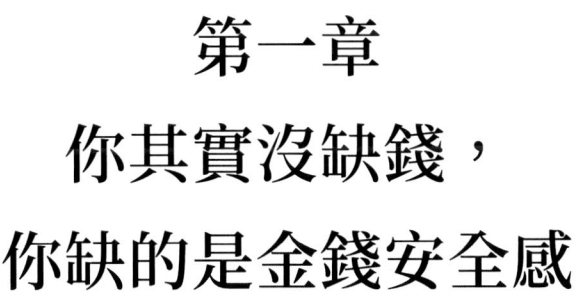

# 第一章
# 你其實沒缺錢，
# 你缺的是金錢安全感

第一章　你其實沒缺錢，你缺的是金錢安全感

**第一節　為什麼你總覺得錢不夠用？**

➡ **認知錯覺：錢永遠不夠，是習慣不是事實**

我們活在一個永遠讓人「覺得錢不夠」的時代。不是因為大家真的沒錢，而是因為「夠不夠」這件事本身就不客觀。即使帳戶裡有穩定薪資、信用卡沒欠款、每月還能儲蓄一小筆，內心卻依然浮現一種不安全感，像是：再多一點會不會比較安心？再晚一點，是不是又要用光？

近年的大型調查顯示，金錢壓力廣泛存在，且不僅由收入或負債水準單獨決定；例如 APA Stress in America 報告指出，2022～2023 年金錢與通膨是多數受訪者的主要壓力源，反映出對未來不確定性的擔憂正強烈影響主觀焦慮。

這並非天生的生存本能，而是後天被環境、語言與信念共同塑造出來的心理運作。你可能從小就聽過：「錢不夠用要省」、「錢再多也不夠」、「不存錢等著喝西北風」，這些話構成了你對金錢的「預設劇本」，導致你即使收入穩定，依然覺得錢像沙子一樣握不住。

心理學家莎拉・紐康（Sarah Newcomb）在她的著作《富有》（*Loaded*）中指出，所謂「財務安全」更多是心理結構而不僅是帳面結構；若沒有能力感與方向感，再多的收入也難帶來穩定感。

## 第一節　爲什麼你總覺得錢不夠用？

### ➡ 財務焦慮：不是沒錢，而是不確定怎麼守住它

每個月發薪水的那天，你可能會短暫地覺得安全，幾天後又開始出現焦躁、擔憂，甚至不敢看明細，彷彿多看一眼就會失控。這種狀態稱爲「預期性金錢焦慮」，不是因爲你真的快沒錢，而是你害怕自己控制不了未來的支出與變化。

英國官方統計（ONS）在 2022 年「生活成本」追蹤中顯示，許多英國民眾面臨顯著的金錢壓力與帳單負擔，例如相當比例表示難以支付能源費用，或對生活成本上升感到憂慮，顯示焦慮並非僅限特定收入族群。

你可能在面對突發帳單時出現強烈反應，不是因為金額本身，而是來自內心一種「我沒準備好」的驚慌。這種驚慌與其說是金錢問題，不如說是你對生活缺乏主導權的反映。當你對未來沒有具體的預測能力，你的大腦會自動放大風險，讓你誤以為自己隨時可能破產，進而導致更多逃避行為 —— 不面對帳單、不記帳、不討論錢，這反而讓財務狀況更加不清不楚。

### ➡ 「永遠不夠用」的潛臺詞：錢代表了你的生存值嗎？

如果我們從更深層的角度來看，「覺得錢不夠」其實是你對「我值不值得活得好」這件事的投射。對很多人而言，金錢是一種自我肯定的象徵，你花錢代表你相信自己值得擁有什麼；而當你花不下去，或總覺得不夠，那可能代表你其實懷疑自己配

## 第一章　你其實沒缺錢，你缺的是金錢安全感

不配擁有想要的生活。

舉例來說，很多人在買東西時會陷入極度拉扯，一邊覺得自己想要，一邊又覺得「我這樣會不會太浪費？」、「我真的值得這個嗎？」這不只是理性判斷，而是一種內在價值感的表現。如果你內心認定「我不夠好」、「我不夠努力」、「我還不夠資格」，那麼無論你口袋有多少錢，你都會不自覺地把它消掉、逃避它、抗拒它，因為你內在的劇本早就寫好：「我不該擁有太多。」

這種深層信念通常不會直接出現，而是透過各種語言與行為滲透你的決策。例如你可能常說：「有錢人都不快樂」、「錢太多會惹麻煩」、「我只想要剛剛好就好」⋯⋯這些語言表面上很合理，實際上都透露出一種「我不敢擁有太多」的自我限制。

### ➡ 你不是真的沒錢，而是你沒看到你已經有的

請試著做一個簡單的練習：寫下你這個月實際收入的數字，再寫下你已經支付過的項目，從房租、餐飲、交通、娛樂甚至是訂閱費用。你會驚訝地發現，其實你不是沒錢，而是你沒察覺你如何用錢，而這份「沒察覺」，正是金錢焦慮的核心。

許多人的焦慮來自於「我不知道我花去哪了」，這是一種缺乏自我確認的感覺。你可能很努力賺錢，卻沒有留意金錢在你生命裡的流動路徑。當你開始記錄、觀察，甚至每天花五分鐘寫下「我今天如何支配金錢」，你的內在焦躁感會明顯下降，因為你的大腦開始恢復對環境的掌控感。

## 第一節　為什麼你總覺得錢不夠用？

金錢不會回答你「夠不夠」這個問題，因為它本來就沒有「夠」的終點。唯一能解決這個問題的，是你重新掌握那份對自己生活的確定感。當你能說出「我知道我在做什麼」，你就不會被金錢綁架。

### ➡ 金錢安全感，是你送給自己的最大禮物

最後提醒：你不是因為沒錢而焦慮，你是因為一直不敢相信自己可以照顧好自己。金錢安全感不是銀行餘額，而是一種你對未來有信心、對自己有承接力的心理狀態。這份安全感來自以下幾個練習：

- 列出你目前的財務優勢（穩定收入、低負債、無外債、有基礎儲蓄等）
- 設計屬於你的「財務喘息空間」（不需緊縮也不需爆發）
- 練習每日金錢記錄，但不做批判（只觀察，不評價）
- 告訴自己「我有能力支配金錢，而非被它追著跑」

當你開始這樣思考時，你會發現那個老是告訴你「錢不夠」的聲音，其實只是你內心過去版本的殘影。你現在，有能力創造一個更穩定、更相信自己的金錢關係。

第一章　你其實沒缺錢，你缺的是金錢安全感

## 第二節　金錢焦慮不是數字問題，是控制感問題

### ➡ 焦慮不是因為錢不夠，而是你感覺不能掌握錢

金錢焦慮並不完全取決於銀行帳戶的數字，而是來自一種潛藏的心理機制──控制感的缺失。當我們面對金錢時，如果心裡始終覺得「我不知道它會不會突然消失」、「我無法預測它能用多久」，那麼無論實際擁有多少，我們仍會處在一種焦慮狀態。

這種焦慮與其說是財務問題，不如說是對人生的不確定性感到無力。心理學家艾倫‧蘭格（Ellen Langer）提出過「控制感幻覺」（illusion of control）理論，說明人類會傾向高估自己對環境的控制力，但當這種控制感被現實打破時，反而會出現更大的焦慮和逃避。例如：當我們面對突如其來的支出、不可預期的經濟變動時，心中那種「什麼都掌控不了」的感覺會激發出金錢焦慮，這是一種「心理失衡」而非「資源短缺」。

比方說，許多上班族在月初領到薪水時，感覺有底氣，會進行較多消費決策；但當月中帳單一來，又轉為緊縮與逃避，這是一種典型的控制感變動所致的心理震盪。真正的問題不是「錢太少」，而是「我無法確認它會持續」，這是一種不信任的心態：對金錢、對生活，也對自己。

## 第二節　金錢焦慮不是數字問題，是控制感問題

### ➡ 控制感消失時，錢成為態度而非工具

一旦控制感出現裂縫，我們對錢的態度會發生重大轉變。錢不再是單純的工具，而是被賦予了過多的情緒與象徵意義。我們開始用錢來證明價值、支配關係，甚至挽救自尊。心理學家蘇珊・費斯克（Susan Fiske）認為，人們在面對無力感時，會將掌握可見資源視為重建秩序的方式，而金錢正是最直觀的選項。

舉例來說，有些人會在失控的情緒後瘋狂購物，這並不是單純的消費欲望，而是一種「我能控制什麼」的象徵行為。同理，也有人會在感覺生活困頓時，不自覺地拒絕開銷──這不見得是節省，而是對失控的過度反應。你不是不能花，而是怕一花錢，所有的安全感就會瓦解。

當金錢變成態度，它就開始操控我們的行為，而非我們操控它。你可能會為了追求虛構的「更安全」而過度工作、犧牲休息時間、壓縮人際關係；或者因為「反正也守不住」而放任財務混亂。這一切的源頭，都是因為你覺得自己沒有控制感。

### ➡ 原生經驗如何偷走你的金錢掌控感

我們之所以對錢缺乏掌控感，往往與早年的經驗密不可分。家庭成長環境對金錢的態度、處理方式，會潛移默化地成為我們的內在程式。心理學家約翰・鮑比（John Bowlby）在依附理論中提到，若一個人在童年時期無法建立穩定的安全依附，那麼

## 第一章　你其實沒缺錢，你缺的是金錢安全感

長大後對外界的掌控感也會相對薄弱。

你是否曾有以下經驗？

- ◆ 小時候父母總是說「錢很難賺」、「要存錢不然會沒飯吃」，讓你把錢和恐懼畫上等號。
- ◆ 或是你總看見家中因為金錢吵架，導致你成年後避談錢，甚至視之為禁忌話題。
- ◆ 又或者你曾經經歷突如其來的財務崩盤，從此把錢視為會背叛的存在。

這些經驗像是心裡一個不穩定的底層密碼，讓你即使現在收入穩定、開銷可控，依然不敢相信自己能真正掌控錢的流動，因為你其實不信任世界會讓你保有它。

要重新建立金錢掌控感，第一步是辨認這些舊有經驗，並開始對它們「說清楚」，不讓它們默默決定你每一次的財務反應。

## ➡ 控制感如何回到你手上？從小決定開始

許多人以為要找回控制感，就要先賺很多錢、存到安全數字，但事實剛好相反。控制感的建立，與金額高低無關，關鍵在於「決定權」。你是否有每天為自己做一件事——哪怕是選擇早餐、設定用錢計畫、主動處理一筆對帳？這些看似微不足道的決策，才是真正回復控制感的核心動作。

美國財務心理學家布拉德・克隆茨（Brad Klontz）在其著作

## 第二節　金錢焦慮不是數字問題，是控制感問題

《金錢至上》（*Mind Over Money*）中指出，當個人能在日常生活中對金錢建立可預測性與主動性行為時，金錢焦慮感將顯著下降。這說明主動意味著自我授權，這份授權不需要別人批准，而是你對自己的肯定。

你可以開始：

◆ 每天記帳 5 分鐘，不為了省錢，只為了知道錢怎麼流動。
◆ 為自己設定每週一次的小額消費獎勵 —— 讓你知道你可以選擇花，而不是等允許。
◆ 定期檢視訂閱項目，刪除不需要的支出，用刪除建立選擇感。

這些微小的動作會慢慢擴大你的「財務主控區」，讓你從模糊的焦慮感中逐漸清晰。

## ➡ 財務穩定的真正底層，是心理穩定

我們常以為「財務自由」是解答，但其實「財務穩定」才是前提，而這穩定並非來自數字，而是內在感受。

想像你有一筆足以應付半年生活的存款，但若你仍不信任自己使用金錢的能力，你依然會感到焦慮。反之，即使存款不多，若你知道每筆開銷在哪、未來計畫怎麼鋪排、突發狀況怎麼因應，你反而會有踏實感。

財務不是未來的保證書，而是當下的實踐系統。你怎麼用錢、怎麼看待錢、怎麼做決定，才是你與金錢關係的真相。

第一章　你其實沒缺錢，你缺的是金錢安全感

金錢焦慮之所以讓人無力，是因為我們誤以為答案在於「更多」，但真正需要的，是你相信「我正在主動」。這份主動性，就是控制感的根本，也是你擺脫焦慮、重建安全感的起點。

## 第三節　當錢成為你情緒的容器

### ➡ 錢不是冷冰冰的數字，而是承載你情緒的容器

在大多數人心中，錢應該是中性的、功能性的——它買東西、付帳單、儲存價值。但實際上，錢早就被我們賦予了更多象徵性意義。我們不只是「用錢」，而是「透過錢」來處理許多難以說出口的感受，包括焦慮、羞愧、憤怒與空虛。美國行為經濟學家喬治・洛文斯坦（George Loewenstein）曾指出，人們在面對財務行為時，往往不是基於理性計算，而是情緒需求的外顯投射。

想想看，你是否曾在心情低落時突然開始網購？或者一遇到壓力就大肆採購，甚至為了「犒賞自己」而超出預算？又或者，當你感覺不被理解、不被看見時，就會特別想買一些昂貴的東西，好像透過消費來提醒自己「我值得」。這些行為，從帳目上看似「花錢」，但心理層面其實是在進行一場「情緒修補工程」。

錢在這裡，不只是支付工具，而是一個承載情緒的容器。它幫我們包裝、轉移、延遲甚至否認情緒的存在。花錢讓人感

第三節　當錢成爲你情緒的容器

覺自己「還有選擇權」、「還能掌控什麼」，但這種掌控往往是短暫的、幻覺式的，一旦情緒源頭未被處理，這樣的金錢行爲便會反覆出現。

## ➡ 「情緒帳戶」比存款帳戶更影響你的財務行爲

心理學中有個概念叫做「情緒帳戶」，意思是你在日常生活中會累積情緒的盈虧，而我們常常用金錢行爲來嘗試平衡這個帳戶。當情緒虧損變大，我們就會透過「消費」或「儲蓄逃避」來試圖補回那份失衡。

舉例來說，有些人習慣在加班後點一大堆外送，明明不餓，卻想要藉由食物「補償」自己。這筆錢不是花在需求上，而是情緒補償的支出。又如，有人會把錢過度儲蓄、不敢動用，即使生活已經受限，依然無法讓自己去花，因爲內心隱含著一種「我不值得享受」的情緒限制。

臨床與治療文獻指出，「強迫性購物」常以消費行爲來調節情緒壓力；治療多聚焦於情緒辨識、衝動管理與替代策略的建立。這表示你不是上癮於買東西，而是上癮於「買東西的那個時候感覺自己是有力的」。錢成了那個幫你「暫時變好」的容器，讓你以爲自己還能控制人生。

一旦你能看見這層關係，就會開始理解，真正改變金錢行爲的起點，並不在於數字，而是在於你能否誠實看見自己情緒的運作模式。

## 第一章　你其實沒缺錢，你缺的是金錢安全感

### ➡ 當花錢成為安撫機制，焦慮就會綁架理性

許多人在不知不覺中，讓花錢成為情緒的安撫機制。這不是單純的「報復性消費」那麼簡單，而是長期累積的焦慮在找出口。例如：有人會在感情受挫後暴買衣服，有人會在職場被否定後大量訂購保健食品，有人會在家庭紛爭後刷卡購買名牌——這些都不是為了物品本身，而是為了消化難以承受的情緒。

當情緒的強度超過認知容量，大腦會自動切換成「逃避模式」。此時，消費成為一種最快能感受到回饋的行為。你點下一筆訂單，不是因為需要，而是因為那個「確認購買成功」的頁面會讓你覺得你還有一點控制感。這也正是為什麼焦慮時期購物平臺流量會暴增，因為整個社會的集體焦慮都需要出口。

這種模式如果沒有被察覺，會逐漸取代其他更健康的情緒處理方式。你會習慣把所有的不安都交給金錢來解決，直到有一天你發現，帳戶裡少了的不只是存款，而是面對真實情緒的能力。

### ➡ 不敢花、無法花，其實也是一種情緒困境

與過度花錢相反的，是過度限制花錢。有些人雖然手頭寬裕，卻總是「捨不得花」、「不敢花」、「花了就後悔」，這並不是單純的節儉，而是另一種形式的情緒綁架。

這類型的人往往從小被灌輸「錢很難賺」、「花了就沒了」、「享受是罪惡」等金錢語言,導致他們在潛意識中將「消費」與「危險」連結在一起。即使經濟能力允許,他們仍然無法放心使用資源,因為每一次的消費都會觸動內心的不安全感。

這種不敢花的狀態,會讓人陷入一種假性的財務安全感。看似有錢,其實內心依然匱乏。心理學上稱之為「儲蓄型焦慮者」,他們的焦慮不是來自缺乏,而是來自「失去的可能性」。這種人往往也會過度追求保險、儲蓄計畫與理財產品,但內心深處卻從未真正感到安心。

理解這種情緒困境,需要我們重新定義「花錢」的意義——它不是浪費,也不是放縱,而是對自己價值的實踐與認可。唯有當我們能夠接納「我值得」、「我可以擁有」,才有可能從金錢中解放出來,而非被其制約。

### ➡ 建立健康金錢情緒關係的四個實踐步驟

要讓金錢回到它本來的功能性角色,關鍵在於學會與情緒和平共處。以下四個實踐步驟可以協助你拆解金錢與情緒的錯綜關係:

**1. 辨識觸發點**

記錄你每一次衝動消費或拒絕花錢的前 30 分鐘,發生了什麼事?是某個情緒引發了行為?還是某句話刺激了你的價值感?

## 2. 情緒命名練習

購物或理財之前,先問自己:「我現在是在什麼情緒裡?」是焦慮、空虛、嫉妒還是寂寞?光是說出來,就能降低行為的衝動性。

## 3. 建立替代行為

若你發現自己在用錢處理情緒,試著準備一個「情緒備案清單」,例如散步、寫日記、聽音樂或打給一位信任的人,讓情緒有其他出口。

## 4. 練習適度的花費肯定語

每當你做了一筆必要且合理的消費後,對自己說:「我值得這筆支出,它符合我的價值與需求。」這樣的語言會慢慢修補你與金錢的關係。

當你開始建立這樣的覺察與練習,你會發現錢不再只是用來壓抑、轉移或代償情緒的工具,而是一個真正協助你實踐人生選擇的媒介。

情緒會來,也會走,但你對金錢的選擇不必被情緒綁架。你可以學會在波動中做出穩定的財務決策,這才是「金錢安全感」真正的養成方式。

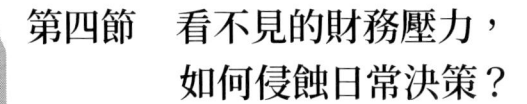

## 第四節　看不見的財務壓力，如何侵蝕日常決策？

### ➡ 財務壓力不是大事才有，它藏在每天的瑣事裡

大多數人對「財務壓力」的想像，可能是突如其來的醫療費、失業、房貸繳不出來，這類重大事件的衝擊。然而，真實情況卻更微觀，也更隱匿。財務壓力真正可怕的地方，在於它滲透日常每個細節，悄悄改變你的決策方式，讓你逐漸失去主動權與信心。

美國心理學會（APA）2022 年的一份調查指出，超過 60％ 的受訪者認為「金錢壓力」是他們生活中最主要的壓力來源之一，其中高達 43％ 的人表示這種壓力會影響他們每天的選擇，從早上喝哪一杯咖啡、是否延後報名一門課程，甚至要不要約朋友吃飯，全都被「我能不能負擔」這個問題左右。

這並不是在說節儉不好，而是指出一個心理現象：當你被財務壓力主導時，你的決策重心會從「這是否對我有價值」轉為「我負不負擔得起」，你的世界變小了、選項變少了、空間變緊了，而你甚至可能沒察覺。

舉例來說，你可能因為擔心下個月的帳單，而拒絕報名一場對職涯發展極有幫助的課程；或是為了省一點點錢，選擇花三倍時間走遠路回家。這些行為表面上是「合理」、「節流」，但

## 第一章　你其實沒缺錢，你缺的是金錢安全感

若成為日常慣性，長期將你困在「低價值循環」中，讓你無法做出真正對未來有利的選擇。

### ➡ 決策焦慮來自「錯誤代價過高」的假象

你有沒有這樣的經驗：站在便利商店結帳前，猶豫一瓶三十元的飲料要不要買？明明不缺這筆錢，卻在小額支出前反覆掙扎。這種過度糾結的狀況，在心理學上稱為「微決策焦慮」，它的背後其實藏著一個更深層的信念──「我無法承擔錯誤」。

當金錢焦慮植入我們的思維之中，哪怕是最微不足道的選擇，都會被無限放大其風險。你開始懷疑自己是不是太衝動、是不是又花錯錢、是不是再這樣下去就沒辦法活下去了。久而久之，你的每一個決策都帶著強烈的心理負擔，而非單純的思考成本。

行為經濟學的「損失趨避」顯示，個體對損失的敏感度通常高於同等幅度的收益，因而更傾向避免「可能的錯誤支出」。這代表我們的決策常常不是為了「選最好」，而是為了「避開最壞」，而這種心態會逐步削弱我們對未來的期待，進而影響長期規劃的能力。

當錯誤的代價被過度放大，風險容忍度就會下降，你會逐漸只願意做「最安全」的決定，放棄探索與成長的可能，甚至對於任何花費都充滿懷疑與壓力。

## 第四節　看不見的財務壓力，如何侵蝕日常決策？

### ➡ 小支出裡藏著自我價值的認定邏輯

有趣的是，我們經常不是對「錢」焦慮，而是對「自己值不值得花這筆錢」焦慮。當你為了一杯咖啡猶豫不決，真正的問題可能不是財務，而是你在問：「我值得被照顧嗎？」、「我有資格享受這樣的生活品質嗎？」

這種焦慮的根源，往往與自我價值感與金錢認同有關。心理學家克莉絲汀・奈芙（Kristin Neff）強調：「自我慈悲（self-compassion）是改變消極金錢行為的重要基礎。」如果你從小被教導「錢很難賺不能亂花」、「吃苦是應該的」，那麼即使你有足夠的收入，也可能會對自己好一點這件事感到不安。

這種不安反映在日常小支出上時，會變得難以察覺卻非常強大。你會開始質疑每一次的選擇，不是因為那件事真的貴，而是因為你還沒準備好承認「我值得好一點的生活」。因此，許多看似理性的節制行為，其實是一種價值感的自我限制。

改變這樣的狀態，必須從根本上重新設計你與金錢的對話方式，開始將「支出」視為一種價值表達，而非懲罰與考驗。

### ➡ 長期壓抑會讓你對金錢失去溝通能力

當財務壓力持續存在但未被處理，我們往往會進入「壓抑模式」——不記帳、不看帳單、不面對數字、不討論錢。這種做法短期看似減少了壓力，實則加重了風險。

第一章　你其實沒缺錢，你缺的是金錢安全感

　　心理學稱這種現象為「認知逃避」（cognitive avoidance），意即大腦傾向忽略那些帶來負面情緒的資訊。然而逃避並不等於解決，反而會讓我們對金錢這個議題越來越陌生，直到有一天我們發現：自己居然連和銀行溝通都會感到焦慮、連打開投資平臺都無法冷靜面對。

　　更嚴重的是，長期處於壓抑與逃避狀態的人，往往無法對外求助，因為他們羞於承認自己的困境。他們也可能在遇到真正緊急的財務挑戰時，反而不願說出口，失去及時獲得支持與幫助的機會。

　　這是一種社會化的沉默，讓個體將所有壓力吞下，讓金錢成為壓垮生活的最後一根稻草。

### ➡ 重建你與財務壓力的健康對話關係

　　要脫離這種潛藏的財務壓力侵蝕，最有效的方式就是主動建立「健康的金錢對話關係」。以下是五個具體做法：

　　（1）定期「無評價式」檢視財務現況：每週花 10 分鐘看帳單、對收支，不要批判自己，只是練習面對現況。

　　（2）建立小額實驗帳戶：撥出一筆「探索性支出」，用來嘗試新的事物，練習花錢的信任感。

　　（3）練習向信任的人談金錢感受：不是數字，而是你的焦慮、擔心、羞愧感，學習把感受說出來。

(4) 從日常決策中練習「選擇價值」而非「只看價格」：例如買一樣商品時，優先思考是否符合你想要的生活狀態。

(5) 設計「我值得」的儀式支出：像是每月一次小旅行、儀式感晚餐，幫助自己與「值得感」連結。

當你能主動與財務壓力對話，而不是被它壓著走，金錢將不再是限制你的高牆，而會變成承載你價值與生活選擇的橋梁。控制感與安全感，就會從這些小小選擇中重新長出來。

## 第五節　錢跟你的關係，是安全還是操縱？

### ➡ 金錢是一種關係，而你可能早已置身其中卻未察覺

我們經常談金錢管理、理財知識、消費習慣，卻鮮少問一個更根本的問題──你和錢的關係是什麼？就像每段人際關係都可以是信任、依賴、疏離或操控，我們與金錢的互動，其實也展現了我們如何對待自己、如何回應世界。你是否信任錢會來？還是認為錢總會離開你？你是否覺得錢是工具？還是錢是主宰你情緒與選擇的掌控者？

心理學家黛博拉・普林斯（Deborah Price）在《金錢之心》（*The Heart of Money*）中指出：「你和金錢之間的情感關係，往

### 第一章　你其實沒缺錢，你缺的是金錢安全感

往反映了你對於自我價值、掌控力與親密感的看法。」換句話說，錢不只是錢，它是一面鏡子，照見我們內在深層的信念與行為模式。

試著想像，若金錢是你生命中的一個人，它會是什麼樣的角色？是時而出現又時而消失的忽冷忽熱伴侶？是你必須討好才能獲得關注的權威？還是你永遠覺得配不上、抓不住的戀人？這些隱喻有助於我們理解，金錢關係其實可以被重建、被療癒，而不是宿命或單純數字遊戲。

### ➡ 操縱型金錢關係：當錢決定了你的價值

許多人的金錢關係呈現出一種操縱性模式。他們不是用錢來做選擇，而是被錢決定了自己是誰。舉例來說，有些人在薪水入帳的當天感到自信十足，但只要帳戶下降到某個數字以下，情緒就開始焦慮、失落，甚至懷疑自我價值。這樣的情況顯示，錢不只是財務資源，更是個人身分的投影物。

操縱型關係的特徵是：你得依附在某個條件上才能感到存在，而這個條件一旦變動，你就失去了心理穩定。當錢變少，你會覺得自己也變少；當財務不順，你會認為自己是個失敗者。這種依賴模式極容易演變成焦慮性金錢關係──你越想控制錢，錢越讓你無法掌控。

研究發現，這種關係常源自於成長經驗。若一個人在童年時經常聽到「沒錢就什麼都不是」、「你要努力賺錢才能讓人尊重

你」,他會內化出一種「錢＝我存在的價值」的信念。長大後,他會不自覺地用金錢成就、存款數字、消費能力來證明自己「夠好」、「值得被愛」。

這種操控性的關係讓人處處緊繃,因為你並不是自由地使用金錢,而是被迫通過金錢向世界證明你是誰,這會讓你永遠處在高壓狀態,深怕有天「被揭穿」或「維持不下去」。

## ➡ 安全型金錢關係:
當錢成為協助你實踐選擇的資源

與操控型相對的是「安全型金錢關係」。這類人把錢當成工具,而非身分認同。他們清楚金錢的來去是生命的一部分,金錢可以協助他們選擇想過的生活,但不會成為壓倒性的自我評價指標。

在安全型關係中,人與錢之間有明確的界線。他們會負責任地管理財務,但不會將自己綁死在節流與焦慮上;會設立儲蓄目標,但也允許自己偶爾享受生活。更重要的是,他們能夠在面對金錢變動時保持內在穩定,不會因資產上上下下而懷疑自我。

這種關係的建立,來自於穩定的心理安全感。研究指出,那些在成長過程中被允許談錢、允許做錯、允許學習財務知識的孩子,長大後較能以健康態度面對金錢。他們不會將金錢視為禁忌,也不會誇大其功能,而是自然地把它融入生活節奏中。

第一章　你其實沒缺錢，你缺的是金錢安全感

若你想轉變為安全型金錢關係，第一步是改變語言與觀念。從「我買不起」改為「我選擇不花這筆錢」；從「我一定要存到××元才安全」改為「我正在創造更穩定的財務系統」。這些語言細節，會慢慢重塑你對金錢的心理定義。

## ➡ 你對錢的情緒反應，決定了它對你的人生影響力

試著回想你上一次面對一筆意外支出時的情緒反應，是恐慌、懊悔、麻木還是冷靜？其實，金錢從來不會主動傷害我們，真正影響我們的是我們對它的反應。這正是「情緒反應決定關係性」的核心。

心理學家哈麗雅特‧勒納（Harriet Lerner）提到：「所有長期不健康的關係，都可以從情緒反應的慣性看出端倪。」如果你每次花錢都伴隨自責、每次討論錢就心跳加速、每次帳戶下降就情緒低落，代表你和錢之間存在著一種緊張與未解的情緒鏈。

這種反應模式需要被重新看見與修正。建議你開始記錄：

◆ 一天內你因為金錢產生的情緒有哪些？
◆ 哪些時候錢讓你感到焦慮？哪些時候讓你感到踏實？
◆ 你的哪一些價值判斷，其實是金錢數字在決定的？

當你開始辨識這些反應時，你就能漸漸從「被錢影響」變成「能與錢共處」。

### 第五節　錢跟你的關係，是安全還是操縱？

## ➡ 練習五種安全金錢關係的建立行動

要從操控型走向安全型，並不是一夕之間的轉換，而是一系列細膩的關係重建。以下五種練習行動，幫助你逐步鬆動與錢的緊張關係：

### 1. 建立「不完美使用金錢日誌」

記錄每一次讓你後悔或衝動的花費，但不做批判，學習用同理看待自己的行為。

### 2. 與錢說話練習

每天花 3 分鐘寫一封給錢的信，說說你的擔心、渴望或感謝，幫助你將金錢人格化，重建對話空間。

### 3. 重寫金錢語言

將你習慣說的金錢負面語句改寫成積極語氣，例如「我總是花太快」→「我在學習延遲消費並觀察自己需求」。

### 4. 金錢安心儀式

設計一個每週讓你覺得「金錢有回應你」的儀式，如存下一筆固定的小額金額，或買一樣帶來幸福感的小物。

### 5. 覺察過度操控行為

當你感覺「一定要控制某件事」才能安心時，暫停並問自己：「這真的只是因為錢嗎？還是因為我不相信其他選項？」

當你越能放下對金錢的過度控制，也就越能擁有一種真正的自由。錢不再主宰你的情緒，也不再綁架你的自我價值，它會回到應有的位置——成為你創造生活的資源，而不是你的評價標籤。

## 第六節　為什麼你怕談錢？羞愧感背後的心理背景

### ➡ 錢明明無口，為何我們對它有這麼多情緒？

談錢，為什麼讓人感到不舒服？你可能有這樣的經驗：當有人問你薪水多少，你下意識地感到不安；當需要和伴侶討論家庭財務時，氣氛突然變得緊繃；即使是在自己腦中盤點帳務，也可能冒出羞愧、焦慮或自我否定的情緒。這些現象說明一件事：錢早就不只是錢，它背後牽動的，是我們對自己價值、能力與身分的看法。

心理學家布芮妮‧布朗（Brené Brown）在其對羞愧感的研究中指出：「羞愧是一種根植於自我價值感的情緒，它讓我們不敢曝光真實的自己。」而在金錢議題中，這種羞愧尤其強烈，因為我們從小就被灌輸：「談錢很現實」、「有錢就等於成功」、「你要能賺才有價值」。這些訊息讓我們將金錢成就與自我評價綁在一

## 第六節　為什麼你怕談錢？羞愧感背後的心理背景

起,也因此,當我們一開口談錢,就像是在向世界交代「我值多少」一樣。

但實際上,我們對錢的情緒反應多半不是源於金額本身,而是來自「怕被評價」的羞愧心態。你可能會擔心自己賺得不夠多、花得不夠聰明、存得不夠穩定,而這些擔心往往不只是對自己失望,更是怕別人知道你「還沒搞定錢」的那份恐懼。

### ➡ 羞愧感如何悄悄主導我們對金錢的沉默

你是否曾遇過這樣的情境?明明帳單累積卻遲遲不敢打開、面對投資損失卻不願和家人坦承、明明想爭取加薪卻說不出口。這些行為背後,都有一個共通的心理機制:羞愧讓我們迴避。

根據布朗的研究,羞愧與罪惡感的最大差別在於:罪惡感是「我做錯了」,而羞愧則是「我這個人不好」。也就是說,當我們在金錢上出現問題,我們不是單純懊惱某筆消費,而是整個人陷入「我怎麼這麼沒用」、「我就是理財白痴」的自我否定。這種否定會讓我們選擇閉嘴、不談甚至假裝一切正常,因為只要談,就可能暴露那個我們自己都不願面對的脆弱版本。

這也是為什麼,許多家庭裡從不談錢,不是因為沒有問題,而是因為每個人都背負太多羞愧感,只能靠沉默來維持表面的穩定。這種沉默會讓金錢議題變得越來越難以觸碰,導致問題無法處理,最終轉化成更深的衝突或焦慮。

第一章　你其實沒缺錢，你缺的是金錢安全感

## ➡ 金錢羞愧感的三大來源：比較、期待與語言

羞愧感之所以難以擺脫，除了來自個人經驗，更多時候是社會文化與語言不斷加深了它的力量。我們可以從三個面向來理解金錢羞愧的主要來源：

### 1. 比較

社群媒體讓我們每天暴露在各種成功模板中——誰買了房、誰投資致富、誰又財務自由了。這些資訊很少呈現全貌，卻極容易讓我們產生「我怎麼這麼落後」的錯覺。比較讓我們忘了自己的節奏，也讓我們的標準失去了現實感。

### 2. 期待

從小到大，我們被教導「要成功就要有錢」、「不能讓家人失望」、「成年就要獨立自主」，這些期待像隱形的壓力存在於我們腦中。當現實不如預期時，我們往往不是釐清問題，而是自我懲罰：「我怎麼還沒做到？」

### 3. 語言

金錢語言中常充滿價值評判，例如「揮霍無度」、「沒理財觀念」、「月光族」、「不會存錢」，這些標籤不僅不具建設性，還會讓人感到羞辱。久而久之，我們不再願意說出來，因為害怕承擔那些詞語背後的貶抑意涵。

## 第六節　為什麼你怕談錢？羞愧感背後的心理背景

這些來源構成了一張無形的羞愧網絡，讓我們即使有能力處理金錢問題，也因為怕「被看見不好」而選擇隱藏，反而讓問題持續存在，甚至惡化。

### ➡ 「不談錢」的後果是讓錢綁架了你的情緒

你以為不談錢是為了避免尷尬、避免爭執、避免被評價，但實際上，不談錢的結果是讓錢掌握了你的情緒主導權。

當你不敢看帳單，它會讓你失去對支出的感知；當你不願說出自己的需求，它會讓你在合作關係中委屈自己；當你逃避理財問題，它會讓你對未來失去預測力。這些狀況的共通點是：你失去了對金錢議題的主動性，進而讓情緒變得更難掌控。

反之，真正能解決羞愧的方式不是逃避，而是開始練習在安全的情境中打開話題。像是與信任的朋友討論理財困難、與伴侶誠實面對財務狀況，甚至寫下自己對金錢的感受與疑問。這些行動都是把羞愧從「藏在心裡的怪獸」變成「可以對話的議題」的重要過程。

心理學家塔拉・布拉克（Tara Brach）提出「接受性覺察」（Radical Acceptance）概念，強調改變羞愧的起點在於承認：「這是我的一部分，這並不代表我不好。」當你能用這種態度面對金錢錯誤與挫敗，你才有可能建立更穩定的財務行為。

第一章　你其實沒缺錢，你缺的是金錢安全感

## ➡ 建立抗羞愧的金錢對話練習

要從金錢羞愧中走出來，需要建立一套具體的對話練習，以下五個步驟可以作為你日常的開始：

### 1. 寫下你對金錢最羞愧的三件事

例如負債、理財失敗、賺得比同儕少等，寫下來而不是壓抑它們。

### 2. 釐清羞愧感的語言來源

這些羞愧來自誰？是父母？師長？還是社群？看見它們，你才能決定是否還要繼續採用這種語言。

### 3. 選一個信任對象進行金錢分享對話

可以是朋友、家人或諮詢對象，用「我現在的感覺是⋯⋯」開場，而不是「我錯在哪」。

### 4. 為自己設定「公開談錢」的小目標

例如參加一場理財講座、在社群發表一次與金錢相關的感想、主動和伴侶設定一次財務討論時間。

### 5. 每週一次金錢情緒筆記

記錄「我這週因為錢感到最強烈的情緒是什麼？」、「我怎麼處理它？」讓你與情緒保持對話關係，而非壓抑或切斷。

當你開始能坦然面對與金錢相關的羞愧感，你就能逐漸建

立一種真誠、不再評價自己的財務對話模式。那不只是金錢變好了，而是你開始對自己誠實，這種誠實，才是安全感真正的起點。

## 第七節　金錢不只是工具，也是你心理世界的倒影

### ➡ 我們以為在用錢，其實是用錢表達內在的你

在所有表面理性的金錢決策背後，其實潛藏著你深層的信念、情緒與價值觀。你如何賺錢、花錢、存錢、借錢，無不反映著你如何看待自己、如何定位自己在世界上的角色。

心理學家榮格（Carl Jung）說過：「外在的行為，是內在信念的投射。」金錢更是如此。它像一面鏡子，折射出我們對於安全、自主、信任、匱乏、價值的整體信仰體系。

試著觀察你生活中的財務行為：你總是衝動購物，還是總是省過頭？你願意為自己花錢，還是總為別人付帳？你覺得自己「值得擁有」嗎？還是總覺得「等我有一天更好再說」？這些不是理財習慣，而是你心理風景的投射地圖。

金錢從來不只是數字與交換，它承載著我們的恐懼與渴望、控制與信任、愛與否定。每一筆金錢流動，其實都是一封你寫給自己但從未讀出的心理信。

## 第一章 你其實沒缺錢，你缺的是金錢安全感

### ➡ 金錢劇本：你正在演出哪一種？

心理學家布拉德‧克隆茲（Brad Klontz）提出「金錢劇本」（Money Script）概念，指的是人們在潛意識中依循的金錢信念模式。這些劇本來自於童年經驗、文化環境與家庭語言，影響我們成年後的所有財務行為。

常見的金錢劇本包括：

- 金錢是邪惡的：這類人通常對金錢有強烈抗拒感，認為追求財富是貪婪或不道德的。
- 錢能解決一切：將金錢視為萬能解答，一切問題都想靠「多賺錢」解決。
- 我不值得擁有錢：潛意識裡總覺得自己不配有錢，因而在潛移默化中把錢推開或耗盡。
- 金錢等於成功與愛：以金錢成就來判斷自我價值，若缺錢就等同於失敗與不被愛。

這些劇本會驅動我們在金錢上作出看似「自然」的選擇，實則是被內在劇情主導。你以為你在主導財務，實際上你是被未覺察的信念牽著走。

### ➡ 每一次金錢選擇，都是一種心理表態

從行為層面看，許多「不合理」的金錢決策，其實都有深層

### 第七節　金錢不只是工具，也是你心理世界的倒影

心理邏輯。例如：

- 一個在工作上覺得沒價值的人，可能會用奢華消費來證明自己值得；
- 一個不相信世界公平的人，可能極度儲蓄並抗拒投資，因為覺得風險等於被剝奪；
- 一個習慣取悅他人的人，可能不敢為自己花錢，但樂於為他人支付。

這些選擇都不是「不會理財」的結果，而是來自深層的心理補償與價值表述。當你認清這一點，你會知道，不是需要更多財務課程，而是需要更多自我覺察。

每一次你說「這太貴我不值得」的時候，是你在說：「我覺得我還不夠好。」每一次你說「等我以後再享受」時，是你在對當下的自己說：「你還不夠資格。」

金錢的語言，其實是你內心語言的延伸。

## ➡ 改寫金錢信念，
## 　從「我是誰」而非「我有多少」開始

若你希望與金錢建立健康關係，第一步不是更聰明的理財工具，而是更深刻地面對「我是誰」的提問。因為你所有對錢的回應，其實都源自你如何定義自己。

你覺得自己值得過好日子嗎？你允許自己在還沒完美前就

先擁有嗎？你能接納自己不是全能的前提下，仍然相信自己是有價值的嗎？

這些問題的答案，決定了你會如何存錢、花錢、賺錢，甚至會不會願意談錢。

當你開始理解「金錢不是外部的評量標準，而是內在狀態的倒影」，你才能真正地用錢來實現自己的人生選擇，而不是拿它來測量自己的不足。

從「我還不夠」到「我值得」這段心理旅程，不靠金額，而靠信念修正。

## ➡ 自我覺察練習：用金錢看見真實的自己

最後，我們提供一組實踐練習，幫助你透過金錢行為反照內在心理狀態：

(1) 消費情緒筆記：記錄每一筆消費後的情緒，是開心、焦慮、自責，還是空虛？

(2) 金錢語言轉譯：將你最常對自己說的金錢語句寫下來，觀察它們背後的心理訊息（例如：「這東西太貴」＝「我不值得擁有」）。

(3) 財務角色對話：把錢當成一個人，寫下你會對它說什麼？它又怎麼回應你？這有助你釐清潛藏的金錢觀。

## 第七節　金錢不只是工具，也是你心理世界的倒影

(4) 支出分類重組：依「價值感」而非「用途」分類你的支出，如：自我照顧、社交認同、安全焦慮、學習成長。

(5) 重新定義「成功」：寫下十個你認為代表成功的金錢行為，再問自己：這些定義是我真心相信的，還是社會給我的？

當你能透過這些練習看見你與金錢的關係真貌，就代表你已經踏上讓金錢回歸「工具」角色、讓自我成為「主體」的轉變之路。

你不是金錢的結果，而是選擇的創造者。從現在開始，用金錢說出你真正想說的話，用它照見一個更值得被看見的自己。

第一章　你其實沒缺錢，你缺的是金錢安全感

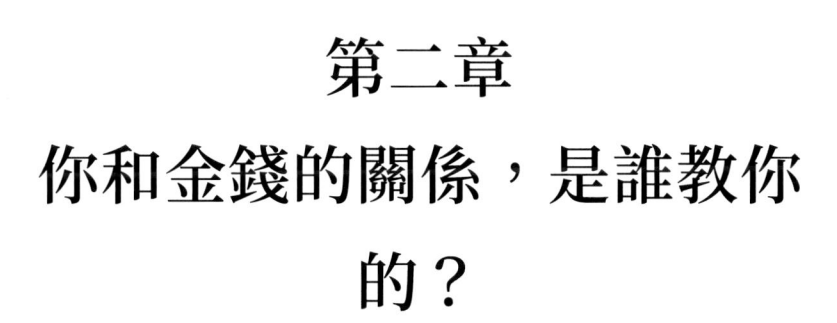

# 第二章
# 你和金錢的關係,是誰教你的?

第二章　你和金錢的關係,是誰教你的?

## 第一節　金錢觀念是從家庭複製來的嗎?

### ➡ 金錢行為背後,其實藏著家庭的影子

我們很容易以為,自己現在的理財方式、消費習慣、對錢的態度,都是經過個人選擇後的結果。但其實,在我們開始賺錢、花錢之前,金錢的語言早就透過家庭環境潛移默化地刻印進我們的潛意識。你今天怎麼用錢,往往是你小時候「看到的那一套」在發揮作用。

家族治療先驅薩提爾(Virginia Satir)強調,家庭會深刻形塑個體的自尊與互動模式,可視為自我概念與關係模式的早期來源。換句話說,你與金錢的互動方式,很可能就是從父母、照顧者或家庭系統中複製來的原始設定。這個設定不需語言傳遞,只要你在飯桌上看到父母如何討論金錢、如何面對突發支出、如何爭執財務責任,你的腦中就默默下載了一整套金錢劇本。

這種內化未必正確,但非常牢固。例如:如果你的父親總是強調「花錢要小心,不然會坐吃山空」,你很可能會長成一個極端節省、難以為自己花錢的人;如果你的母親經常說「錢來就花,不用想太多」,你也許會變得無法存錢且容易衝動消費。這些都是複製來的金錢語言,成了我們在成年生活中的自動駕駛程式。

## 第一節　金錢觀念是從家庭複製來的嗎？

### ➡ 家庭金錢語言如何塑造我們對「金錢安全」的定義

金錢的意義不是固定的，它是社會與家庭共同建構的語言。而我們對「金錢安全感」的理解，也大多源自原生家庭給予的觀念。你是否曾聽過家人這樣說：

- 「別人家的孩子都能買房了，你怎麼還……」
- 「男人要能賺錢，才有資格成家。」
- 「我們家就是沒錢，你不要妄想。」

這些語句乍聽是責備，其實是一種對金錢定義的輸入。它告訴你：安全感來自擁有、來自比較、來自符合某個標準，而非來自個人實際的財務能力與生活需求。

如果你成長於一個經常擔憂未來、強調危機、用金錢維持家庭控制感的環境，你會內化一種「永遠不夠」、「我不能鬆懈」的金錢觀。即便長大後財務無虞，你依然會不安，因為內在的安全感沒有隨外在收入提升而同步增長。

相對地，若你從小看到家中即使資源有限，卻能討論支出、理性計畫、允許錯誤，你會建立出「錢是可以管理的」、「我有能力因應變動」的金錢觀，這種家庭語言會成為你日後面對壓力的心理緩衝器。

## 第二章 你和金錢的關係,是誰教你的?

### ➡ 「習以為常的模式」其實是未經檢查的繼承

最困難的金錢問題往往不是缺錢,而是我們不自覺地重複某些不合時宜的金錢模式。這些模式在你心中是「理所當然的選擇」,但實際上,它們可能早就不適用於你現在的生活狀態。

舉例來說,有些人長大後收入穩定,卻依然習慣把大筆錢存進銀行而不敢動用,原因不是因為沒有投資選項,而是從小耳濡目染「花錢就會出事」、「銀行最安全」的語言。他們不是沒有能力理財,而是不敢違背原生語言所設定的「安全感來源」。

又如,有些人習慣「用錢證明價值」,每一次收入一提升,就急著購買更高階商品,不見得是虛榮,而是從小被灌輸「有錢才有人看得起你」的潛臺詞。這些選擇看似獨立,其實是延續了一種未被檢視的家庭劇本。

這些模式若未被辨認與鬆動,會在你的人生中反覆出現,不管你換了多少工作、賺了多少錢,焦慮與控制的本質依然存在。因為你不是在做決定,而是在履行一套老舊的金錢信仰儀式。

### ➡ 如何辨識你正在複製的金錢模式?

要改變金錢行為,第一步不是學習更多財務知識,而是先覺察:我現在的金錢反應,是「我」的選擇?還是「以前某人」的投影?你可以透過以下三個問題來辨識你所繼承的金錢模式:

(1) 我對花錢、存錢、談錢的直覺反應是什麼？這些反應來自什麼經驗？

(2) 小時候家中對錢的氛圍是什麼？是緊張的？開放的？禁忌的？

(3) 有哪些金錢信念，我從沒質疑過就接受了？例如「月光族就是懶惰」、「窮人不該享受」等等。

這些問題的答案會指引你回溯自己的「金錢原始劇本」，從而開啟重寫劇本的可能性。因為只要你能說出來，它就不再是命運，而是一個可以選擇的腳本。

## ➡ 建立「覺察後選擇」的金錢觀行動

從複製到選擇，是一段需要勇氣的心理旅程。你不需要完全否定原生家庭的影響，而是要學會在覺察之後，為自己做出合適的調整。以下五個行動，有助於你在生活中建立更自主的金錢觀：

### 1. 金錢語言日記

每週記錄五句你腦中常出現的金錢語句，並註明這句話像誰講的。你會開始看見語言的來源。

### 2. 角色互換練習

當你做出某筆支出或理財選擇後，問自己：「如果我爸媽在，他們會怎麼說？但我又想怎麼做？」這能協助你分辨誰在下決定。

### 3. 改寫金錢定義

為「安全」、「成功」、「值得」這三個與金錢有關的詞彙,寫下你自己的新定義,不再沿用他人的版本。

### 4. 設定個人財務原則

如「我允許自己每月花 10% 在自我照顧」、「我尊重金錢但不崇拜它」,這些原則會幫你建立心理邊界。

### 5. 與家庭對話

如果可能,與家人聊聊你對錢的看法是怎麼養成的,不是責備,而是理解背景,讓過去的語言被重新定義。

當你開始有能力辨認金錢模式的來源,你就有能力選擇保留哪些、放下哪些,甚至創造屬於自己的新金錢故事。那才是真正從家庭複製走向自我創造的開始。

## 第二節　父母對錢的態度,如何默默寫進你潛意識?

### ➡ 你「不是故意這樣用錢的」,但潛意識早已決定了

我們經常在帳單到來時懊惱自己花太多、在投資失利後自責決策失誤、在面對財務選擇時陷入拖延與混亂。這些看似「意志不堅」的現象,其實有一個不被我們察覺的背景運作 —— 你

## 第二節　父母對錢的態度，如何默默寫進你潛意識？

早在成長過程中，已經被輸入了對錢的情緒語言與行動模式。

心理學家佛洛伊德（Sigmund Freud）認為，人的大部分行為來自潛意識，而非表意識控制。也就是說，你今天選擇買還是不買、存還是不存，不全然是你思考後的結果，而是過去經驗在潛意識中留下的反應程式正在運作。

而這個程式，很大比例來自你對父母金錢態度的模仿。這種模仿不是你願意或故意的，而是在無數次耳濡目染、生活互動中，自然形成的心理圖像。你可能不記得小時候家人說過什麼關於錢的話，但你一定記得那種「花錢時很緊張」、「談錢就起爭執」、「每次月底就氣氛低迷」的場景感受。這些場景，構成了你的金錢潛意識劇場。

### ➡ 父母的金錢焦慮，成為你無聲的情緒密碼

父母未必會直接教你如何理財，但他們的情緒會深刻地影響你如何面對金錢。他們的焦慮、恐懼、自責、憤怒、比較，甚至對金錢的態度與語氣，都成了你情緒記憶的一部分。

舉例來說，如果你小時候經常聽到爸媽因為錢爭吵，久而久之你可能會將「錢＝衝突」這個連結內化進心裡。當你成年後要面對財務問題時，會下意識地迴避討論、拖延決定，因為潛意識告訴你：「談錢會傷感情。」

又例如：若你觀察到父母總是在經濟拮据時過度節省、甚至否定自己的需求，你也會在日後複製這種自我壓抑的金錢模式，

## 第二章　你和金錢的關係，是誰教你的？

即使你已經財務穩定，也會覺得「花錢是一種罪惡」、「自己不值得享受」。這不只是理性判斷的結果，而是一種情緒記憶的延伸。

依據丹尼爾‧席格（Daniel J. Siegel）的人際神經生物學觀點，早年形成的「內隱記憶」會以情緒、行為與身體感受的方式，持續影響日後的選擇與反應。因此，當你在花錢前感到胃部緊縮、看到帳單時無法深呼吸、面對財務話題時心跳加快，這些都是潛意識正在出聲。

### ➡ 父母的語言如何塑造你的金錢「主題曲」

每個人內心都有一首對金錢的「主題曲」，這首歌的歌詞，來自我們小時候最常聽見的語句 —— 尤其是父母的語言。這些話語重複了十年、二十年，即使你長大後不再認同它們，它們仍然在潛意識裡迴盪，指導你的行動。

以下是一些常見的語句範例：

◆ 「我們家沒有那種命。」→內化成對財富的無望與宿命感
◆ 「你以為錢那麼好賺喔？」→形成對賺錢的罪惡與壓力
◆ 「有錢人都很現實。」→引發對財富的道德批判與抗拒
◆ 「花那麼多做什麼？以後日子怎麼過？」→建立花錢等於不負責的信念

當你現在在工作上不敢要求加薪、在人際互動中對金錢話題敏感、對自己的收入感到羞愧，請停下來想想：這些反應是

## 第二節　父母對錢的態度，如何默默寫進你潛意識？

現在的你做的選擇，還是小時候某些話語的回音？

當你意識到「這句話不是我現在的信念，而是我過去聽來的劇本」，你就能開始將它從潛意識移到意識中，進而選擇要不要繼續播放這首歌。

### ➡ 情緒複製的延伸：你其實在重演上一代的劇情

最驚人的是，許多人會在不自覺中，把父母未完成的金錢課題帶進自己的人生，重演一次。

舉例來說：

- 你父親當年總因事業失敗而負債，你現在總覺得自己不該創業。
- 你母親總覺得婚後沒經濟主導權很委屈，你現在過度強調財務獨立。
- 你小時候看到家中總在月底擠錢付帳單，長大後你也總是在月底才理帳。

這些不是巧合，而是潛意識的情緒繼承。你沒在理性層面模仿，而是情緒上無聲地承接，像是某種「家庭任務」。心理學家莫瑞・鮑文（Murray Bowen）的家族系統理論指出，家庭中的未解課題會代代相傳，直到有一代人開始覺察並選擇中止這個模式。

那個人，可以是你。

第二章 你和金錢的關係，是誰教你的？

## ➡ 五個實作練習：解除你與父母金錢劇本的牽線

若你想脫離潛意識的金錢劇本，可以透過以下練習開始鬆動：

（1）寫下你小時候最常聽到的五句金錢語言：不要美化，也不要評論，只是寫下最原始的語句。

（2）對每句話寫下「我今天仍然相信這句話嗎？」：若否，寫下你想改成的語句版本。

（3）列出你最常出現的金錢情緒（如焦慮、羞愧、罪惡感），並嘗試追溯第一次出現這種情緒的童年經驗。

（4）觀察你的花錢與儲蓄模式中，是否有父母的影子？舉例來說：你也總是買促銷？你也不敢享受自己？

（5）設計一個屬於自己的「新金錢語言」清單，每天唸一遍，像是：「我值得擁有金錢與自由」、「我有能力面對我的財務現況」。

這些練習並不在於馬上讓你「變會理財」，而是幫助你慢慢建立一個新的金錢潛意識。當你有意識地更新語言與情緒反應，你就在告訴大腦：「我們不再活在那個過去了。」

金錢潛意識並不可怕，它只是需要你看見、理解，然後選擇重新建構。你可以從父母的金錢劇本中畢業，開始書寫自己的版本。

## 第三節　被恐懼教育養大的「匱乏型金錢人格」

### ➡ 不是你真的沒錢，是你學會了用恐懼看待錢

你是否有這樣的經驗：即使存款足夠、收入穩定，心裡卻總覺得「好像哪裡不安全」？每花一筆錢都會感到焦慮？明明生活沒有急迫危機，卻仍常為未來擔心不已？

這並非理性計算失誤，而是一種從小被恐懼教育培養出來的「匱乏型金錢人格」在作祟。匱乏型金錢人格不是指你的資產狀況，而是一種長期內化的金錢世界觀，它讓你不斷重複以下信念：「錢永遠不夠」、「萬一出事怎麼辦」、「要是失業了怎麼辦」、「現在好只是暫時的」⋯⋯

《稀缺》(*Scarcity*) 一書作者為行為經濟學家森德希爾・穆拉伊特丹（Sendhil Mullainathan）與心理學家埃爾達・沙菲爾（Eldar Shafir）；他們指出匱乏會造成「隧道視野（tunneling）」與「心智頻寬」受限，影響決策品質。當一個人長期活在「怕不夠」的思維中，會出現「隧道視野效應」──只能看見眼前的風險與不足，忽略長期規劃與資源調度的可能。

這種匱乏心態並不是天生的，而是透過語言、環境與重複情境，被家庭與社會灌輸進來。你越早接觸到「小心點」、「不能

## 第二章　你和金錢的關係，是誰教你的？

花」、「你這樣以後會很慘」這類語言，潛意識就越容易建立一種「活著就得一直擔心錢」的世界觀。

### ➡ 恐懼教育如何潛移默化地塑造你的金錢反應

匱乏型金錢人格的形成，往往源自「恐懼教育」的長期影響。恐懼教育不是刻意恐嚇，而是家庭或文化中不自覺地用「負面預期」來強化對金錢的警覺與焦慮。

你可能從小就聽過：

◆ 「如果不存錢，將來會流落街頭。」
◆ 「有錢人都是靠關係，不要做夢。」
◆ 「別人家的孩子都懂得省錢，你這樣太浪費了。」
◆ 「再怎麼樣都不要借錢給別人，會被騙。」

這些語言一再被強化後，會變成你面對金錢時的預設情緒模式：懷疑、焦慮、防備、羞愧。你不再是用策略面對金錢，而是用情緒防禦它。每一次花錢都像在挑戰家庭的禁忌，每一次討論投資都像在違背祖訓，這會讓你無法冷靜思考財務選項，只剩下逃避、拖延與防守。

更重要的是，這樣的教育會讓你失去「創造財務空間」的能力。你總覺得只要手上那筆錢不見了，生活就會陷入困境，於是你無法冒險、無法投資、無法嘗試，甚至無法想像「有更多」是合理的狀態。

## 第三節　被恐懼教育養大的「匱乏型金錢人格」

### ➡ 匱乏人格的五種表現型，你中了幾項？

根據多項行為經濟與心理學研究，匱乏型金錢人格通常會展現以下五種特徵：

**1. 過度儲蓄焦慮型**

儲蓄動作本身成為焦慮安撫工具，哪怕只是小筆支出也會有強烈內疚感。

**2. 延遲享受逃避型**

即使有能力滿足當下需求，也總是以「等以後再說」為理由壓抑自己，甚至完全失去對生活享受的連結。

**3. 風險極端排斥型**

不敢嘗試任何帶有風險的財務行為，如投資、轉職、創業，過度追求穩定導致資源無法成長。

**4. 過度責任承擔型**

凡事自己承擔，對金錢不信任他人，無法授權也無法分享責任，導致長期疲憊。

**5. 預設悲觀思維型**

習慣用「會不會沒錢」、「要是沒工作怎麼辦」等語句自我對話，長期建構負向財務情境。

第二章　你和金錢的關係，是誰教你的？

這些表現不一定同時出現，但只要其中一項長期反覆發生，就會構成一種深層的行為慣性。這種慣性不是理性的，而是心理防衛機制在運作。

## ➡ 匱乏人格的背後，其實是對自己能力的懷疑

如果你細看匱乏型金錢人格的核心，就會發現它其實不是對「錢」的懷疑，而是對「自己」的懷疑。你不相信自己能維持收入、不相信自己有能力創造資源、不相信世界會支持你，因此你只能不斷「先把錢抓住」作為求生策略。

但這樣的策略帶來的只是短暫安穩，長期則會讓你陷入不成長、不冒險、不創新的死循環。你不敢跳槽、不敢說不、不敢休息、不敢投資，不是因為真的不能，而是因為潛意識告訴你：「你一鬆手，就完了。」

亞伯特・班度拉（Albert Bandura）提出「自我效能感」理論，指出對自身能力的信念會影響行動的啟動、努力程度與面對挫折的持久性。匱乏人格的真正受損部位，是這種自我效能感。

若你能理解：「我不是沒能力，而是被恐懼框住了」，你就能開始脫離這個限制，重新找回對金錢與對未來的信任。

## ➡ 走出匱乏：五種信念重建與行動練習

你無需立刻變成「有錢人」才開始感到安心，真正的修復，是來自日常心理語言的轉變。以下是五種具體練習，協助你解除匱乏型金錢人格的束縛：

### 1. 改寫內部對話

將「萬一我沒錢了怎麼辦」改為「即使遇到困難，我也有能力因應」。練習每天對自己說一句具建設性的財務信念語句。

### 2. 分段式風險實驗

挑戰一件你平常會避免的金錢行為（如請假旅行、參加付費課程），但以「小額、短期、可控」的方式進行，讓大腦逐步建立安全感。

### 3. 感謝帳戶練習

每天寫下三筆你當天花費後覺得值得的消費，並為它命名，例如：「照顧自己」、「投資未來」、「與人連結」。這可重建支出與價值的連結。

### 4. 建立預期安全練習

設計一個月內你會收進來的所有金流預測，哪怕只是零星收入，也要納入。讓大腦習慣看到「收入可預期」的畫面。

### 5. 允許享受儀式

設定每週一次「無罪惡感的花費儀式」，如買一本書、與好

第二章　你和金錢的關係,是誰教你的?

友聚餐、預約按摩,讓你逐步學習接受「我值得,也能承擔」。

這些行動不在於立刻提升財務狀況,而是幫助你從「我怕不夠」的思維,進入「我相信自己」的心理狀態。

因為真正的金錢自由,從來不是賺多少,而是你是否有能力,在面對未知時,選擇信任而非恐懼。你越能鬆開對匱乏的執著,越能打開金錢流動與人生可能的新空間。

## 第四節　「有錢人都不乾淨」的語言影響了什麼?

### ➡ 當金錢與道德被綁在一起,你的信念也被限制住了

在臺灣日常語言中,「有錢人都不乾淨」、「賺大錢一定是走後門」、「富不過三代」等句子可說是耳熟能詳,甚至成了一種社會潛規則的共識。這些語言的危險在於:它們不只是對某些人的評價,更是對整體金錢概念的汙染。你一旦內化了這些價值觀,無論再努力,都可能下意識地限制自己「不要太成功」、「不要太富有」,以免成為自己所不願認同的人。

依據里昂・費斯廷格(Leon Festinger)所提出的認知失調理論,當信念與行為不一致時,個體會透過調整其中一方以恢復一致性。如果你相信「有錢人都不乾淨」,但同時渴望財富,你

第四節 「有錢人都不乾淨」的語言影響了什麼？

的內在就會出現衝突。於是你可能會壓抑自己的渴望、否認追求財富的動機，甚至在接近財務成功時主動「踩煞車」，不自覺地讓自己回到舒適的中庸狀態。

這並非缺乏努力，而是信念系統在主導你的界限。當金錢與道德被綁在一起，你就不再能自由地設定人生目標，而是時時刻刻為了「做個好人」而主動縮減自己的可能性。

### ➡ 嫉富文化下的矛盾心理：又想要，又鄙視

社會對金錢的雙重標準，往往讓個人陷入深層的心理矛盾。一方面，我們羨慕富人能住豪宅、開名車、有資源；另一方面，我們又懷疑他們是靠手段、不正當獲得的。這種「又想要、又鄙視」的矛盾心態，在心理學上稱為「認同衝突」——你想成為某一種人，但又不想被貼上標籤，因此只能卡在不上不下的位置。

這種內在矛盾會大幅影響你的金錢行為。例如：你可能在努力創業時心懷歉意，覺得自己是不是太貪了；你可能在得到一筆收入後，立刻將其花掉或轉移，不是因為需要，而是因為「怕別人以為我有錢」。更極端的情況是，你可能故意在生活中保持低調甚至貧窮感，以維持自己「清白」、「正直」的身分認同。

這種「道德潔癖式的貧窮感」，讓許多努力中的人無法真正擁抱財富，因為他們在情感上無法接受「我既可以是好人，也可以是有錢人」這種結合。結果是，一邊努力賺錢，一邊努力疏離錢。

第二章　你和金錢的關係，是誰教你的？

## ➡ 這些語言如何從家庭、教育與媒體滲透到你心裡

「有錢人都不乾淨」這類語言並不是單一事件產生，而是長期從社會結構滲透而來。它們存在於家庭的口頭教條、學校的隱性課綱，甚至媒體劇情的價值設定中。

在家庭中，父母可能出於保護孩子而灌輸「不要太計較錢」、「平凡才是福」等觀念，但這些語言其實背後藏著對金錢的不信任與逃避。孩子久而久之會將「安分」與「不追求」劃上等號，把「過得剛好」當作道德正確的唯一版本。

在教育體系中，我們習慣將「為錢而讀書」視為功利，將「為興趣而讀書」視為高尚，這使得許多學生從小便內化出「談錢＝膚淺」的價值觀，長大後即使面對現實壓力，也不敢理直氣壯地追求經濟成就。

而在大眾媒體與影劇作品中，有錢人往往被描繪成剝削者、情感冷漠、家庭破碎、不擇手段的反派角色，這也進一步加深了社會對財富的負面印象。你每天接觸這些角色敘事時，其實也在潛移默化中學會了：「不要像他們那樣。」

## ➡ 如果你對錢有罪惡感，就會無法接住它

真正困住人們的，不是金錢的流動，而是金錢的意義。你賺錢時的壓力，常來自你無法正當化自己為錢努力的行為。你消費時的掙扎，不是因為沒錢，而是怕別人說你浪費或炫耀。

## 第四節 「有錢人都不乾淨」的語言影響了什麼？

你追求收入成長時的焦慮，往往是來自於：「這樣會不會變得太現實？」

這些掙扎的根源，正是來自於你曾經被灌輸的語言：有錢人不乾淨、追錢很低俗、金錢會腐蝕人性。這些語言讓你無法坦然擁抱財富，無法建立健康的金錢自我認同，導致即使你實際收入增加，心理上的安全感與自由感卻未同步提升。

心理學家布芮妮・布朗（Brené Brown）指出：「羞愧與罪惡感不會讓人變好，只會讓人困在無行動的壓抑裡。」當你對錢的感覺是「羞愧」、「罪惡」、「不純淨」，你就會自然產生抗拒、逃避與否定。這不是財務管理問題，而是心理認同問題。

### ➡ 開始為「有錢且善良」建立新的典範

要解除這種語言的影響，第一步是意識到：你有權定義什麼叫做有錢人。那不該只是社會教你的劇情，而應該是你親眼觀察過的、能與你價值觀共存的版本。

你可以開始：

(1) 尋找生活中你認為有錢且值得尊敬的人：不一定是超級富豪，而是那些願意分享、樂於回饋、財務穩定又不失人味的人。

(2) 改寫「有錢」的定義：將它從「權勢與剝削」改寫為「選擇與自由」、「責任與創造」。

（3）練習說出財務目標而不感到羞愧：例如「我想要一年內提高收入，是因為我想有更多資源照顧家人」。讓目標有情感根源，你才會認同它。

（4）停止在言語中污名化財富：如「那誰賺那麼多，一定是有背景啦」這類說法，請開始在心中打問號，而非直接認同。

（5）將財富視為價值實踐的載體：你可以一邊賺錢，一邊堅持價值；可以有收入，又有原則；可以富足，也能正直。

當你能重新理解「有錢不等於不好」、「追求財富不代表變質」，你才有可能真正接得住自己努力的成果，也才能讓錢變成你價值觀的延伸，而非必須時時防衛的風險因子。

你不需要為成為有錢人道歉，只要你知道，那是你選擇的方式，而不是你背叛的證據。

## 第五節　重建你的金錢故事：家庭以外的版本可能嗎？

### ➡ 你的金錢故事不是命運，而是可以重寫的敘事

我們常以為自己對金錢的態度、選擇與反應是一種自然生成的個性，但事實上，每個人都有一套「金錢故事」——它來自你成長的家庭、早年的社會經驗、老師的話、偶像的生活，甚

第五節　重建你的金錢故事：家庭以外的版本可能嗎？

至媒體的暗示。

這些故事未必全都是錯的，但它們未必適合你此刻的生活狀態。有些故事讓你進步，有些卻讓你受困。例如：「花錢是不負責任的」、「一分錢一分貨」、「有錢人都是不擇手段的」……當這些故事一再重播，你便在無意識中重複了一種劇情：努力賺錢卻不敢花、存了錢卻內心空虛、怕變成富人所以不敢讓自己富起來。

傑羅姆・布魯納（Jerome Bruner）指出，人類透過敘事建構與理解現實，敘事是組織經驗與賦予意義的重要方式。你的金錢敘事，正是你怎麼理解世界與自己的交集點。

而好消息是：敘事可以重寫。你不是被注定只能套用家庭版本，你有能力創造屬於自己的財務信仰、行動風格與價值定義。

## ➡ 舊金錢劇本的特徵：熟悉、穩定，但限制你成長

我們會依賴舊劇本，通常不是因為它正確，而是因為它熟悉。人類的大腦傾向於選擇預測性高的行為，哪怕結果不好，也勝過面對未知的不安。因此，我們會傾向保留那些從小聽到大的信念，即使它們讓我們焦慮或痛苦。

常見的舊金錢劇本包括：

- 「錢要省著花，不要亂投資。」
- 「理財是有錢人才能做的事。」

## 第二章　你和金錢的關係，是誰教你的？

- 「有錢人會被人忌妒，所以低調一點比較好。」
- 「女人賺太多會嫁不出去。」
- 「男人要能賺錢，否則不算成功。」

這些劇本會在你腦中形成一套預設反應。你會發現自己「本能地」抗拒加薪、「自動地」忽略財務機會、「不由自主地」對談錢感到彆扭，這不是因為你不理性，而是你太習慣那套敘事以至於不曾挑戰它。

真正的問題不在於劇本裡寫了什麼，而是你是否有意識地選擇過它。

### ➡ 創造新金錢故事：
### 　你可以定義什麼是「合理的富足」

如果你有機會從頭創造一個屬於自己的金錢故事，那會是什麼樣子？

你可以想像這樣的版本：

- 我希望有足夠的金錢讓我不被工作壓力壓垮，也能照顧家人與自我成長。
- 我願意為我的財務負責，不讓金錢控制我，但也不讓它成為我自我價值的唯一標準。
- 我相信財富是中立的，我可以用它實現善意、創造影響，而不需要為此感到羞愧。

## 第五節　重建你的金錢故事：家庭以外的版本可能嗎？

這樣的金錢敘事並不會立刻讓你變得有錢，但它會讓你對「富足」有新的定義與實踐方式。你不再只是複製他人的版本，而是用你自己的經驗、價值、渴望來建構一個新的故事。

敘事療法由麥克・懷特（Michael White）與大衛・艾普斯頓（David Epston）共同發展，強調以「重寫／外化問題」的方式改變個人故事與身分認同。這種改變不需要等到財務自由才開始，而是從你選擇重新定義「我和錢的關係」開始。

### ➡ 建構你的金錢新敘事：從選擇、行動到驗證

重寫金錢故事不只是觀念改變，更需要實際行動與反覆驗證。以下是三個步驟協助你實踐新的金錢故事：

#### 1. 選擇語言

釐清你不再想使用的語句（如「我哪可能賺得到那種錢」、「錢這種東西很危險」），並設計你願意認同的新語言（如「我有能力創造收入」、「我值得擁有經濟選擇權」）。

#### 2. 設計小行動

例如主動和伴侶討論財務目標、設定每月固定比例投資自己、為某個夢想啟動第一筆基金。這些行動讓新敘事不只是想法，而是被實踐的故事。

## 3. 回顧與修正

每月定期檢視自己的財務情緒與選擇,看哪些行為與新故事一致,哪些又落入舊劇本,並溫和地調整,不責備自己。

敘事不是一次就定型的,而是透過重複書寫與實踐慢慢深化。你不需要徹底推翻過去,而是從現在開始,寫一條你認同的未來軌跡。

### ➡ 金錢故事的主角,應該是你

最後請記住:你不是你家庭金錢歷史的唯一延伸。你有選擇,也有權利為自己的人生定義新的可能。

從「我只能這樣」到「我也可以那樣」的轉變,不來自收入暴增,而是來自於信念鬆動。當你願意看見原劇本的限制,你就已經開始寫新的劇情。

也許你仍然會被舊信念拉扯、仍然會懷疑自己、仍然會感到恐懼,但每一次你願意往新的故事多走一步,都是對自己的信任練習。

重建金錢故事,不是對家庭的否定,而是對自己未來的尊重。你不需要完美版本,只需要一個你真正相信的版本,並願意為之付諸行動。從今天開始,你就是你金錢故事的原創者。

## 第六節　從童年經驗中拆解金錢羞愧的根源

### ➡ 為什麼我們對錢常有難以言喻的羞愧感？

你是否曾在花錢後感到後悔，或者在收下紅包時感到不自在？你是否曾經面對收入話題時心虛，或是在理財失敗後覺得「自己就是沒用」？這些不是單純的懊悔，而是羞愧感的表現。羞愧不同於罪惡感，它更深層，更關乎你怎麼看待「自己這個人」的價值，而不只是單一事件對錯。

布芮妮・布朗（Brené Brown）將「羞愧」界定為指向自我的負向評價，而「罪惡感」則指向行為本身；她指出羞愧通常不具建設性。當這種羞愧與金錢綁在一起時，我們面對的不再是「那一筆支出不合理」或「那次理財選擇不對」，而是「我這個人是不是根本就不會處理錢」、「我是不是永遠都搞砸金錢生活」。

這些羞愧感的根源，大多數其實來自童年。不是因為那時你真的搞砸了金錢，而是因為你在那些脈絡裡「被感受到」你不夠好。

### ➡ 童年記憶裡的金錢羞愧場景

試著回想：你第一次「覺得錢讓你丟臉」的經驗是什麼？這可能不是明確的語言，而是一種氛圍、一種表情、一場對話。許多金錢羞愧都發生在看似微小的片段裡：

## 第二章　你和金錢的關係,是誰教你的?

- ◆ 你想買一樣東西,父母大聲說「你怎麼那麼貪心」
- ◆ 你帶便當去學校,被同學嘲笑「好窮喔」
- ◆ 你在親戚面前被問「你爸媽賺多少?你知道嗎?」
- ◆ 你聽到大人說:「我們哪像那種有錢人,小孩不用懂事」

這些話語與情境,未必被刻意設計,但它們深深地刻印在你的身體記憶與自我概念中,成為日後你面對金錢時羞愧情緒的觸發器。

愛麗絲・米勒(Alice Miller)在《幸福童年的祕密》中討論童年情緒被壓抑如何在日後轉化為羞愧與自我否定,並主張須以同理與覺察加以修復。

### ➡ 金錢羞愧感是如何變成你自我評價的一部分?

當羞愧感被重複灌輸、強化,會從外部評價變成內在結論。你不再只是「有時不會處理錢」,而是「我就是不會理財」、「我就是不配有錢」、「我花錢就是錯的」。

這種羞愧會形成兩種極端反應:

- ◆ 過度壓抑型:不敢談錢、不敢花錢、不敢投資,總覺得自己「不配動用資源」;
- ◆ 過度補償型:過度儲蓄、誇大收入、強調消費能力,試圖用金錢行為修補自我價值。

兩種模式的共同點都是:錢不再是工具,而是自我認同的

表徵。只要與金錢有關,你不是在做決策,而是在證明你是不是夠好。

這種將金錢與人品掛鉤的心態,會讓你在任何財務行為上都懷疑自己,無法容許錯誤、無法學習、無法調整,只能在羞愧與壓抑中惡性循環。

➡ **解構童年羞愧語言的四個步驟**

要解開這些從童年而來的羞愧感,我們必須先回到原點,重新看待那些當時讓你感到受傷的語言與情境。以下四個步驟幫助你進行心理拆解與重建:

### 1. 寫下你印象最深刻的金錢羞愧場景

把場景描述出來,不是為了批判誰,而是為了讓這個經驗被看見。

### 2. 從「那時候的你」視角來說話

例如「我其實只是想要一個文具,但被說貪心,我感到丟臉」,這可以幫助你連結當時的情緒,而不是用現在的標準評斷過去的自己。

### 3. 拆解當時語言的本質

那些話真的是對你個人的評價,還是來自大人當時的情緒、無知或壓力?你會發現很多羞愧語言其實是「情緒移轉」而非真實描述。

### 4. 寫下你今天想給當時的自己一句話

這句話是你給內在小孩的修復語言，它會在情緒記憶中種下一個新的語境。

這些練習的目的是幫助你從「我好像做錯了」的情緒，回到「我當時只是個孩子，我不該背負這麼多」的理解。當你開始為童年的自己說話，你就正在修復羞愧的根。

## ➡ 從羞愧走向價值感的五個行動練習

羞愧不能單靠理性修正，它需要透過具體行動，讓你在每次新的經驗中「驗證我不再是那個當時的小孩」——你有選擇、有力量、有價值。以下五個練習建議可作為實踐路徑：

（1）每週一次與金錢有關的自我肯定語句：如「我現在的選擇是基於成長，而非錯誤」。

（2）設計一筆「無羞愧支出」計畫：花在讓你感到充實、喜悅、自主的事物上，並練習不為此道歉。

（3）與值得信任的人討論一次「我過去的金錢羞愧經驗」：讓羞愧走出內心暗房，被理解，就會減輕。

（4）每月記錄一次「我有能力處理金錢的證據」：如自己成功完成預算規劃、存下一筆金額、做出正確的消費選擇。

（5）寫信給內在小孩：告訴童年的你「你值得擁有，而不是感到羞愧」。這封信不需要寄出，它是你與自己的和解契約。

當你開始有能力用現在的自我安撫過去的傷口，你就不再是羞愧情緒的奴隸。你可以在金錢領域裡自由選擇，而不是被過去的記憶牽動。

你不是那個總是搞砸金錢的人，你只是一直沒有被允許相信自己可以改變。從今天開始，讓你與金錢的關係，不再由羞愧定義。

## 第七節　你和金錢其實可以重新開始一段關係

### ➡ 錢不會記恨，你可以隨時選擇重新靠近它

許多人以為與金錢的關係是一條不可逆的路：如果你曾經揮霍、失敗、錯過機會，那就意味著你注定與金錢無緣。但事實並非如此。金錢是一種中立的工具，不會記得你的錯誤，也不會評斷你的過去，它只是根據你的選擇運作。真正記恨的，是我們自己——我們對金錢的羞愧、自責與恐懼，才是讓我們無法重新開始的原因。

依據卡爾‧羅傑斯（Carl Rogers）的人本取向觀點，接納與一致性等條件有助於促進改變與成長（常被概括為「接納自我有助於改變」的觀點）。你能否與金錢建立新的關係，不在於你過去做過什麼，而在於你現在是否願意用新的眼光看待自己。只要你能停下來，對自己說：「我願意試著重新認識錢」，那一刻，

第二章 你和金錢的關係,是誰教你的?

你就打破了羞愧與過往定義的枷鎖。

與金錢重新開始的關鍵,不是收入翻倍、投資成功或徹底改變,而是你能否允許自己「從當下這一點」開始練習新的對話方式。你可以帶著過去的經驗,但不再讓它主導你的未來。

## ➡ 五種破壞金錢關係的心理模式

若你想重建關係,首先必須辨識你原本是如何破壞這段關係的。以下五種心理模式是最常見的金錢關係障礙源:

### 1. 疏離型

對錢沒感覺,不想看、不想談、不想管,讓錢變成生活中不存在的一塊空白地帶。

### 2. 操控型

過度計算、極度控制每一筆支出,用掌控來減少不安,卻無法體驗金錢帶來的彈性與豐盛。

### 3. 焦慮型

對金錢充滿恐懼與懷疑,任何支出都伴隨罪惡感,對未來有過度災難預期。

### 4. 逃避型

明明有金錢問題,卻習慣性拖延處理,例如不看帳單、不對帳、不規劃財務。

## 5. 依附型

將金錢依附於他人身上（如伴侶、家人、老闆），缺乏自主意識，對自己的財務責任感模糊。

這些模式並非性格缺陷，而是過往經驗的防衛結果。你過去這樣，是因為你曾經需要這樣保護自己；但現在，你可以選擇不同的方式，開始與錢建立成熟、健康、對等的關係。

### ➡ 與金錢重新交往的五個步驟

既然我們要重新開始，就讓我們用「重新交往」的概念來進行這場關係修復。以下是五個階段性的心理與行動步驟：

### 1. 邀請階段

花時間靜下來問自己：「我想與金錢重新建立什麼樣的關係？」可以寫下你希望金錢扮演的角色，如「支持我追求夢想」、「成為安全感的來源」。

### 2. 認識階段

重新盤點你所有的財務現況，包括收入、支出、儲蓄、債務。這不是檢討，而是像初次見面那樣了解彼此現狀。

### 3. 對話階段

每天撥出 5 分鐘與金錢對話，可以是記帳、寫金錢日記、練習一段內心對話：「我今天怎麼用錢？我感覺如何？」

第二章　你和金錢的關係，是誰教你的？

### 4. 承諾階段

設定一項與金錢有關的微小承諾，如每週一次檢視帳務、每月設定一個財務目標，透過實際行動建立信任感。

### 5. 欣賞階段

觀察金錢為你帶來的正面結果與價值感，如「我因為這筆支出獲得了支持」、「我累積了一筆安全感的存款」。把焦點放在連結，而非數字本身。

這樣的過程，就像你和一位曾經有誤解的朋友重新交心一樣，需要時間、尊重與對話，也需要你願意放下舊標籤，給彼此重新認識的機會。

## ➡ 建立金錢新關係的日常練習

除了上述步驟，以下是五個你可以日常執行的關係修復練習，讓你與金錢之間有更多正向連結：

### 1. 每日金錢情緒日記

寫下當天與金錢有關的情緒與事件，建立你對金錢敏感度的提升。

### 2. 一週一次「謝謝金錢」練習

寫下三件金錢曾經支持你完成的事，學會欣賞它的功能，而非只計算它的數量。

### 3. 正念消費練習

在每次消費前深呼吸三秒,問自己:「這是我真正需要的嗎?它會帶來什麼價值?」

### 4. 金錢語言覺察

觀察你與他人談錢時用的語言,例如是否常說「我很窮」、「賺錢好難」,改用「我在打造我的財務自由」來替代。

### 5. 每月寫一封信給金錢

用書信方式寫下你對金錢的感謝、疑惑、願望與界線,讓這段關係具象化。

透過這些練習,你不只是學會用錢,而是在學會與金錢互動,從工具關係轉化為夥伴關係。

## ➡ 你的金錢關係,永遠可以從「現在」重新定義

你與金錢之間的關係,從來不是一成不變的宿命,而是一段可以選擇、可以修復、可以深化的旅程。你無需等待完美時機,也不需補償過去的錯誤,只要你願意開始 —— 從一個小小的行動、一句新的語言、一份不同的態度出發。

金錢會回應你給它的態度。你怎麼看它,它就怎麼影響你的人生。

## 第二章　你和金錢的關係，是誰教你的？

　　從現在開始，請允許自己擁有這段全新的金錢關係：它不再是讓你感到羞愧、不安、緊繃的存在，而是一位值得信任、可以協力前行的夥伴。

　　錢不等於壓力，也不等於價值評分，它只是一種能量，等待你用新的方式來經營與使用。這段關係的主動權，從來都在你手中。

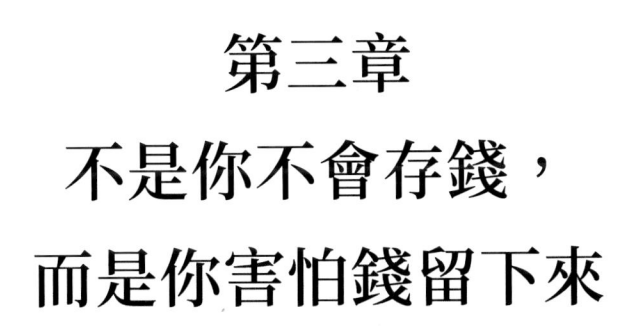

# 第三章
## 不是你不會存錢，而是你害怕錢留下來

## 第三章　不是你不會存錢，而是你害怕錢留下來

### 第一節　為什麼你想存卻總是花光？

#### ➡ 存錢失敗不一定是意志薄弱，而是心理機制在作祟

你是不是常對自己說「這個月一定要開始存錢」，但月底卻還是所剩無幾？你也許下載了記帳 App、設定了自動轉帳，甚至排好了財務計畫表，但錢就是留不住。多數人會把這種現象歸因於「自制力太差」、「消費欲太強」，但從心理學角度來看，問題根本不是那麼表面。

大量研究證實，人們傾向高估即時回饋、低估延後利益，亦即現在偏誤／雙曲貼現（present bias / hyperbolic discounting）。也就是說，你其實知道存錢對未來有好處，但你在當下想要的滿足，會讓理性的聲音瞬間噤聲。

更進一步來看，存錢本質上是一種「延遲回饋的選擇」。而這種選擇若未與情感連結，就很容易被眼前的壓力與欲望打敗。所以，當你總是花光錢，問題可能不是你不夠努力，而是你在心理上，尚未準備好與「留下金錢」這件事建立關係。

#### ➡ 潛意識中對「有錢」的不安全感

許多人在潛意識裡，其實對「錢留在自己手上」感到不安。這聽來或許矛盾，但它是真實存在的心理狀態。你也許曾在童

## 第一節　為什麼你想存卻總是花光？

年時經歷過「錢留下來後反而引發爭吵」、「財務變好之後有人來借錢」、「錢存久了突然消失」等經驗，這些事件會讓你將「存錢」與「不安」連結在一起。

這類把「存錢」與不安綁在一起的現象，較接近評價制約（evaluative conditioning）：早期情境把中性刺激與情緒價值連結，之後會自動影響偏好與行動。例如：有些人一旦帳戶餘額變多，就會開始焦躁不安，進而「找藉口」花錢，像是「買點東西犒賞自己」、「趁折扣先入手」、「反正這個月比較有餘裕」等，實際上是潛意識在排除這份不熟悉的財務穩定感。

這類心理動作不是不合理，而是防衛。你會發現自己其實知道該怎麼做，但每次接近存錢目標時，卻突然「失控」，不是因為不會理財，而是你的潛意識尚未允許自己擁有更多。

### ➡ 存錢難以持續，是因為「缺乏即時回饋」

另一個容易讓人放棄儲蓄的心理原因，是它缺乏即時的情感回饋。相比消費帶來的快感，儲蓄在短期內往往沒有什麼感覺。你存了五千元，帳戶數字增加了，但情緒上並不會有立即的刺激感。這種「遲來的回報」讓大腦難以建立正向連結，反而容易覺得無趣或無力。

在操作制約（operant conditioning）中，即時增強最能促進行為重複；延遲回饋較難維持行為（這也解釋了為何存錢缺乏「即時感」更難堅持）。當存錢這件事沒有「心理上的好處」，你自然

### 第三章　不是你不會存錢，而是你害怕錢留下來

會偏好有立即回饋的行為——如購物、聚餐、娛樂等。也因此，我們會一邊知道存錢的重要性，一邊又忍不住將錢花在眼前看得到的滿足上。

這不是道德問題，而是獎賞系統設計問題。要讓存錢變成一種持續的習慣，關鍵是讓它在心理層面也「變得有感」。這不是靠意志力，而是靠制度與感受的重新設計。

## ➡ 情緒壓力與消費衝動的惡性循環

當代都市生活壓力巨大，我們的情緒常常沒有出口，而「花錢」正好提供了一個簡單、快速、被社會默許的釋放管道。你可能在加班後點一頓外送，在吵架後買一件新衣，在焦慮時滑手機購物，這些行為不全然錯誤，但若成為常態，就會讓你陷入一種「用錢來處理情緒」的模式。

情緒消費雖然短暫有效，卻無法解決真正的情緒問題，長期下來不僅無法儲蓄，還會加深自責與焦慮感。你可能會覺得：「我又沒控制住自己」、「我果然沒自律」、「我是不是沒救了」，這些自我否定又會進一步強化你對存錢的無力感，形成一個惡性循環。

要跳脫這個循環，關鍵是將存錢從「行為目標」轉為「情緒照顧策略」。當你能以「我在照顧未來的自己」來看待儲蓄，並用具體方式取代原本的情緒消費模式，你就能逐步讓存錢這件事重新獲得情感上的意義。

## 第一節　為什麼你想存卻總是花光？

### ➡ 啟動「存得住錢」的三個起點

如果你總是存不住錢，不妨從以下三個方向開始調整：

**1. 重建存錢的意義**

問問自己，存錢對你來說的意義是什麼？是安全感？自由？還是對自己的照顧？讓每一筆存款有情感標的，而不只是數字累積。

**2. 設計儲蓄的「即時感」**

舉例來說，為每一個財務目標設定一個視覺化儲蓄進度條、替每個儲蓄帳戶命名（如「2026自我進修金」、「爸媽旅遊基金」），讓你在儲蓄時有具體感受。

**3. 替代情緒消費的選項**

找出你常在什麼情境下容易衝動消費，並事先準備其他替代方案，如運動、與朋友聊天、寫日記、喝茶、散步等，讓情緒有出口，但不必透過花錢。

這些改變看似細微，但正是從這些心理層次的調整，才能真正讓你突破「存錢總是失敗」的困境。

### ➡ 存錢的核心，不是變富，而是「允許自己擁有」

當你開始嘗試存錢，你其實在做的，是一種心理上的行為重建：我值得被照顧、我可以為自己累積資源、我有能力掌控未來。

### 第三章　不是你不會存錢，而是你害怕錢留下來

真正的存錢成功，不只是金額上的成長，而是你在心裡產生的安全感、自主感與價值感。這些感覺一旦建立，你就會開始喜歡看到錢留在自己身邊，而不是急著把它花掉。

你之所以「想存卻總是花光」，不是因為你懶惰、不夠自律，而是因為你過去沒有被允許練習留下金錢的權利。現在，你可以透過新的思維與行動，重新建立這段關係，讓錢成為你心理安全的資源，而不再是情緒壓力的出口。

## 第二節　錢留下來，代表你要承擔什麼責任？

### ➡ 存錢不只是累積資產，也是一種心理上的責任轉移

當錢真正留在你手上的那一刻，它就不再是抽象的目標，而是一種你無法忽視的「實體責任」。你可能會發現，當帳戶金額慢慢累積，你反而開始感到壓力：我該怎麼用這筆錢？我能不能善加管理它？我是不是該投資？該不該幫助家人？

這些問題看似理性，其實背後藏著深層的心理結構。當你沒錢的時候，世界很簡單——只要「努力賺」，其他的先不管。但當你有錢了，你得面對選擇、風險、評價與內在道德對話。也就是說，錢留下來之後，意味著你要開始承擔「掌控者」的角

## 第二節　錢留下來，代表你要承擔什麼責任？

色，而不是單純的「追趕者」。這種角色轉換，是許多人不自覺地抗拒金錢留下來的核心原因。

心理學家埃里希・佛洛姆（Erich Fromm）曾區分「擁有導向」（having）與「存在導向」（being）的生活方式。在現代社會中，「擁有」變成一種自我價值的證明，但當我們真正擁有時，卻又可能產生「我值得嗎？」的反向壓力。這就是金錢帶來的心理責任：你不只是把錢存下來，還得學會面對擁有後的一切。

### ➡ 錢越多，責任感就越大？其實是文化投射

從小我們可能就聽過「能力越大，責任越大」這句話，這不只是英雄電影的臺詞，也深植在我們的社會文化裡。而金錢，往往也被等同於「能力」的象徵。因此，當你錢越多，你就越容易被投射期待——要幫家人、要捐款、要負起更大的社會責任。

在亞洲家庭文化中，這樣的期待更是強烈。很多人一旦開始有了存款，身邊就會出現來自父母、兄弟姊妹、親戚甚至朋友的暗示與請求。你也可能開始內化這種責任感：「我應該幫助誰」、「我該不該資助那位親戚」、「我是不是太自私了」……這些內在對話其實不完全出自你的意願，而是社會價值系統投射在你身上的情緒責任。

當金錢與道德掛鉤，它就不再是工具，而變成判斷「你這個人好不好」的指標。而這種情緒壓力，會讓很多人選擇「不要讓

## 第三章　不是你不會存錢，而是你害怕錢留下來

錢留下來」，因為「有錢之後要煩惱的更多」。這也部分解釋了為什麼不少人雖然收入不錯，卻仍然存款空虛──不是賺不夠，而是不敢留下。

### ➡ 拒絕擁有，是對失敗恐懼的心理避難所

有些人不是不想擁有錢，而是害怕「錢留下來之後，要是我搞砸了怎麼辦？」這種恐懼是來自於對錯誤的極度焦慮。當你有錢，你必須做決定；而只要你做了決定，就有失敗的風險。

這種損失趨避（loss aversion）是「前景理論」的核心之一，源自康納曼與特沃斯基的經典研究，損失所帶來的痛苦遠大於等值獲得所帶來的快樂。換言之，我們寧願什麼都不做、錢不要太多，也不想承擔可能搞砸的心理代價。

因此，許多人會有意識或無意識地讓錢「留不住」，像是：「剛好最近要換手機」、「朋友生日送貴點的也合理」、「趁年輕出國一下也不為過」……這些看似正常的行為，其實潛藏著對金錢責任的逃避。不是因為不會理財，而是因為「不敢負責」這筆留下來的錢。

若你能意識到：你不是怕錢，而是怕失敗、怕批評、怕不如預期，那麼這些情緒就不再是絆腳石，而是你可以慢慢轉化的起點。

## 第二節　錢留下來，代表你要承擔什麼責任？

### ➡ 留住金錢，是一種允許自己面對選擇的練習

與其說存錢是為了安全，不如說它是訓練我們面對複雜選擇的場域。當錢留下來，你需要開始練習以下幾件事：

#### 1. 做決策
這筆錢要放哪裡？投資？定存？還是還債？每一個選項都伴隨風險與利弊。

#### 2. 說不
對不合理的借錢請求、對來自社會的道德壓力、對自己的即時欲望，說「這筆錢我要留著」，是一種心理邊界的建立。

#### 3. 設定界線
幫助別人不是義務，是能力與意願的結合。你可以有原則地給予，也可以誠實地拒絕。

#### 4. 面對評價
你可能會被說小氣、現實、不合群，但這正是你價值觀與心理韌性的重要試煉。

#### 5. 修復自我價值感
你不需要透過花錢來證明自己是好人，也不需要透過儲蓄來證明自己有價值。金錢只是你的延伸，不是你全部的定義。

這些選擇的過程，不只是財務行為，更是心理成熟的表現。

## 第三章　不是你不會存錢，而是你害怕錢留下來

你能夠把錢留下來，是因為你已經準備好與自己的欲望、恐懼、價值觀對話，而不再用消費來逃避這些情緒。

### ➡ 留錢，不只是為未來，也是對「現在的你」的信任

多數人以為存錢是為了未來，但真正意義上，存錢也是對「現在的自己」的一種信任。你相信你有能力管理資源、相信你能處理情緒、相信你配得擁有。

若你開始學會與金錢和平共處，不再讓它成為壓力來源，而是變成支持你決策與選擇的資源，那麼它將不再只是帳戶裡的數字，而是一種自我認可的證明。

你不再只是「怕留不住錢」的人，而是「選擇讓錢留下來並妥善照顧它」的人。這段關係的轉變，不靠技巧，而是來自你願不願意扛起「擁有」的責任。

下一次當你有餘裕時，請不要急著把錢花掉，不是因為你不能，而是因為你正在學會一件更深刻的事：允許自己接住、擁有、照顧一筆錢，也是一種心智上的成長。

# 第三節　存錢失敗背後的「價值矛盾」

### ➡ 當你想存錢，卻又總是花光，可能不是缺乏紀律，而是價值觀打架

你是否有過這樣的經驗？訂了每月儲蓄目標，卻總在看到限時優惠時破功？你也許對自己說：「這東西真的很值得」、「這是投資不是消費」，一邊說服自己，一邊點下付款鍵。這種現象，其實不是單純的「缺乏紀律」，而是更深層的心理結構在運作——你的「金錢價值觀」正彼此衝突。

行為經濟學稱之為「價值矛盾」（value conflict），也就是人在面對抉擇時，不同內在價值同時拉扯，導致行動偏離原訂目標。這是一種看不見的心理分裂：你一方面相信「存錢才能讓我安心」，但另一方面又認為「犒賞自己才能證明努力是值得的」。當這兩種價值都是真實的，你會不停在選擇與否定中消耗能量，最終做出「讓我現在感覺比較好」的決定，而不是「對未來最有利」的選擇。

這不是你不夠理性，而是你內心還沒有釐清：你到底想過的是什麼樣的生活？

## 第三章　不是你不會存錢，而是你害怕錢留下來

### ➡ 金錢價值觀來自誰？你真的選過嗎？

多數人從未真正主動選擇過自己的金錢價值觀。我們的金錢態度往往是「被繼承的」、「被暗示的」、「被比較出來的」，卻極少經過內在覺察與整理。

例如：

◆ 你可能從父母那裡學到「存錢代表負責任」

◆ 從朋友那裡學到「會享受才是會賺錢」

◆ 從網路與媒體看到「理財就是要會投資」

◆ 從書籍得出「財務自由才是真正的自由」

這些訊息看似正向，但若你同時相信了彼此矛盾的價值，它們會互相抵銷，讓你在金錢使用上經常感到迷失、焦慮、矛盾。

當內在價值彼此拉扯時，會出現認知失調，人會在信念或行為間調整以恢復一致。你不是不知道該怎麼做，而是內在的語言還沒對焦，於是行動自然也難以一致。若你沒有對自己的價值觀進行過深層釐清，那麼每一次存錢行動，都可能被「其他價值」悄悄拉走。

### ➡ 三種常見的價值矛盾模式

以下是三種在存錢行為中最常見的價值矛盾模式：

## 第三節　存錢失敗背後的「價值矛盾」

### 1. 享樂與安全的拉鋸

你想為未來儲蓄，但也想享受當下。當「活在當下」與「未雨綢繆」同時重要時，你會每次都處於兩難，最終選擇眼前快樂。

### 2. 獎勵與紀律的衝突

你努力工作、節制生活，認為應該要好好獎勵自己。但每次獎勵的金額，卻遠超出原先的預算與理性範圍。

### 3. 自我照顧與他人期待的矛盾

你想為自己存錢，但親人、朋友的期待卻讓你感到愧疚，例如家人需要支援、朋友開口借錢、社交場合無法推辭。你在「想照顧自己」與「不想讓人失望」中來回擺盪。

這些矛盾不會自己消失，只有當你願意誠實面對內心的價值排序，存錢行為才會變得穩定有力。

## ➡ 建立一致性的價值觀，是讓存錢「省力」的關鍵

許多人誤以為要存下錢，就是要更用力、更自律、更壓抑。但真正有效的儲蓄，是來自「價值一致性」。當你內在的金錢語言一致，你就不必每一次花錢都掙扎。

舉例來說，若你已明確定義「存錢是為了將來三年內創業」，那麼在面對消費誘惑時，你的內在對話就會變成：「這筆花費能幫助我創業成功嗎？」若答案是否，那你就不會進入掙扎，而是自然而然地說不。

## 第三章　不是你不會存錢，而是你害怕錢留下來

這就是「價值一致性」的威力：它讓你不再用情緒硬撐，而是用信念做選擇。

建立一致性的具體做法如下：

◆ 列出五項你對金錢最重視的價值（如自由、安全、成長、尊嚴、關係）；
◆ 針對每一項價值，寫下它如何在你存錢行為中具體展現；
◆ 觀察你的消費習慣是否違背這些價值；
◆ 設定具體行為原則，例如「每月娛樂支出不得超過總支出的10%」、「旅遊預算與退休基金分帳管理」等。

當你能將行為與價值對齊，你會發現存錢不再是掙扎，而是一種自我實踐。

### ➡ 存錢不只是儲蓄金額的提升，更是自我一致的進程

許多人追求存款數字的成長，卻忽略了心理內在的對齊。若你的價值觀持續混亂，即使賺得再多、存得再多，也會因為沒有內在動力支持而無法持久。

心理學家榮格曾說：「你沒有變成你想要的樣子，是因為你還沒有放棄你不再需要的樣子。」當你能釐清自己對金錢真正的信念與期待，你才有可能建立起持續、有感、穩定的財務行動。

因此，存錢從來就不是單純的財務問題，它是一場自我價

值的釐清旅程。你存下來的每一筆錢，都是你選擇為哪一種價值負責任的證明。當這種價值足夠清晰，你就不需要每一次都用意志力，而是能用認同與信任來驅動自己。

這樣的存錢方式，才是真正屬於你的儲蓄行動。

## 第四節　延遲享樂與內在衝突的對話

### ➡ 延遲享樂不是壓抑，而是重新安排快樂的時序

當我們談到理財、儲蓄與目標達成時，「延遲享樂」幾乎是最常被提到的概念。這個詞源自著名的「棉花糖實驗」，即心理學家華特・米歇爾（Walter Mischel）在史丹佛大學進行的一項研究：他讓兒童選擇要立即吃一顆棉花糖，或等待十五分鐘就能得到兩顆。結果發現，那些能等待的孩子，未來在人生各方面的表現普遍較好。

然而，這個實驗也在近年被重新詮釋與質疑 —— 延遲享樂的能力，其實與家庭背景、社會資源與心理安全感密切相關。這意味著，如果你從小沒有被培養出「相信等待值得」的信念，那麼即使你成年後知道延遲享樂的重要性，也可能在實踐上屢屢失敗，因為你內心的情緒系統並不認同「壓抑現在會有更好未來」。

換句話說，延遲享樂若沒有搭配心理調節與信任建構，它不會自動帶來成就，反而可能讓人產生無力、壓抑與自我質疑。

### 第三章　不是你不會存錢，而是你害怕錢留下來

因此，真正的練習不是「逼自己等」，而是重新調整你與快樂之間的時序與連結方式。

## ➡ 為何你很難延遲享樂？因為大腦設計就是這樣

神經影像研究顯示，立即與延遲獎勵由部分不同的腦路徑估值，前者更易驅動即時選擇。當我們在短時間內獲得刺激──像是網購成功、吃下一口甜食、滑到喜歡的影片──大腦會釋放多巴胺，產生愉悅感。而長期目標，如存款、減重、進修，則需要等待很久才會得到回饋，導致大腦難以將這些行動視為「令人期待」的刺激源。

這種偏好眼前回饋的傾向，在文獻中稱為現在偏誤（present bias），即我們高估眼前回饋的價值，低估未來收穫的重要性。當你站在理性與情緒的十字路口，往往不是你不知道該怎麼做，而是你的大腦讓你更在意此刻的感受。

延遲享樂不是自律與否的問題，而是一場與生俱來的神經結構對話。因此，我們與其自責「為什麼我這麼沒紀律」，不如問：「我能不能設計一套讓等待也變得值得的系統？」

## ➡ 「犒賞自己」與「犧牲未來」的心理混淆

許多人在花錢的瞬間，會自我說服：「我工作這麼辛苦，應該要對自己好一點」、「生活不能只剩存錢」，這些語言本身沒有

## 第四節　延遲享樂與內在衝突的對話

錯，但若背後的邏輯是「我只有現在值得快樂」或「未來不可預測所以別想太多」，那就會讓你陷入「即時享樂才是真正擁有」的心態，進而難以養成長期儲蓄的習慣。

這裡其實牽涉到一個深層心理問題：你是否認為未來的自己值得被照顧？許多人對未來懷有高度不信任感，不是來自理性評估，而是情感創傷與安全感缺乏。他們可能曾經在「很努力準備之後卻一場空」的經驗中受傷過，因此潛意識選擇：「那我就現在過好一點，別再冒被失望的風險。」

這種思維會讓你難以啟動延遲享樂機制，不是因為你不努力，而是因為你的內在系統正在保護你。要改變這種狀態，必須從重新建立對「未來自己」的信任開始。

### ➡ 讓延遲享樂「有感」的四個策略

與其強迫自己等待，不如設計一個讓「等待也是一種享受」的心理機制。以下四個策略可幫助你與延遲享樂建立正向連結：

### 1. 分段式回饋

將長期目標切割為短期節點，每達成一個階段就給自己一個非金錢型的獎勵（如一天放鬆、一趟短程旅行、一封寫給自己的讚美信），讓等待有成就感。

第三章　不是你不會存錢，而是你害怕錢留下來

### 2. 儲蓄視覺化

不只是把錢放進帳戶，而是讓進度具象化，例如使用儲蓄進度條 App、用圖像記錄存款目標，讓每一次儲蓄都能「看見自己離目標更近一步」。

### 3. 未來角色練習

每週一次寫日記，內容是「未來的我在什麼情境中感謝現在的我」，例如「謝謝你努力存下旅費，讓我有一趟難忘的自由行」，這能強化對未來自我的情感連結。

### 4. 預設享樂時間

在儲蓄計畫中，主動設計出「可以花」的時間點與金額，讓延遲享樂不等於永遠壓抑，而是節奏性的安排。

這些設計的本質，是讓你的大腦在等待中也感受到回饋。當等待不再只是「忍耐」，而是「正在創造更值得的體驗」，你才能真正內化延遲享樂的動力。

## ➡ 真正的延遲享樂，是一種情感成熟的能力

延遲享樂之所以重要，不是因為它代表你有多自律，而是因為它反映了你是否能與自己的目標與未來建立情感連結。當你能夠為了更大的滿足而擱置眼前欲望，不是因為壓抑，而是因為你「知道自己值得更好」──這就是心理成熟。

你不需要每一次都戰勝誘惑，但你可以練習每一次都更靠

近內在的目標。這場練習的對象不是誘惑,而是你與自己的對話:你願不願意相信,有些快樂值得等待?

當你能夠不再急於讓快樂發生,而是學會編排它的節奏,你就不再只是被情緒推著走,而是開始成為自己人生節奏的編曲者。

## 第五節　把儲蓄變成心理上「有感」的事情

### ➡ 為什麼你的存錢計畫常常半途而廢?
### 　因為「沒有感覺」

許多人的儲蓄計畫在紙上看起來完美,卻在實際執行時迅速瓦解。最常見的情況是:你設了一個明確的目標,每月定額扣款,起初覺得自己很有成就,但不到三個月就中斷了。你開始質疑自己的自律力,甚至懷疑自己是不是天生不適合理財。

其實問題根本不在紀律,而是在於 ——「你無法感受到存錢的成就」。儲蓄是一種延遲滿足的行為,如果缺乏過程中的情緒回饋,很容易讓大腦產生「這件事沒什麼意義」的結論,最終導致行為中斷。

若行為缺乏情緒性強化與可見回饋,其持續率會下降;以自我控制策略提升回饋與視覺化,可顯著改善堅持度。也就是說,如果儲蓄對你而言只是每個月被扣走一筆錢,而沒有任何

## 第三章　不是你不會存錢,而是你害怕錢留下來

「心理參與感」,那這個行為在你的內在世界裡,就等於一場無聲的流失。

你要的,不只是存下錢,而是要「感覺到自己真的在存錢」——這是一種心理上的實感建構。

### ➡ 儲蓄失敗的關鍵,不在行動,而在情緒感知

我們習慣將存錢視為一種「純理性的事務」,但實際上,絕大多數的財務行為都是由情緒驅動的。你會存錢,是因為你希望安全、希望被照顧、希望未來有選擇權;但如果這些願望在行為過程中沒有被提醒與強化,你的大腦就會對這項行為失去動力。

心理學家康納曼區分「經驗自我」與「記憶自我」,前者注重當下的體驗,後者注重回憶中的意義。當你每次存錢的經驗都沒有情緒記憶,那麼即便你理性知道「錢有在變多」,你的感受卻可能是「好像沒什麼變化」,久而久之自然會選擇放棄。

如果你想要讓儲蓄變成一種可以長期維持的習慣,那就必須從「讓它有感」開始,讓存錢不再只是數字的成長,而是一場與自己情緒對話的過程。

### ➡ 五種讓存錢「有感」的實用策略

以下五種方法能夠幫助你讓儲蓄行為從「冷冰冰的制度」變成「有體感的練習」:

## 第五節　把儲蓄變成心理上「有感」的事情

### 1. 情境命名法

替每個儲蓄帳戶取名，讓它具備情緒與故事。例如：「未來自由基金」、「給爸媽的驕傲」、「下個夏天的義大利海岸」。這種命名讓你在儲蓄時能同時想像目標與情感。

### 2. 視覺化進度表

不只是看帳戶餘額，而是自己畫出進度條，或使用 App 製作圖像化目標。每次存錢不再只是數字的移動，而是「我離夢想又近了一格」的具體感受。

### 3. 情緒記錄法

每次存錢後，寫一句當下的感受。例如：「今天多存了 500 元，感覺自己真的可以靠自己。」這不只是記錄金額，更是累積自我效能感的過程。

### 4. 獎賞預告機制

設定當達成某一儲蓄階段後，給自己一個象徵性獎勵。例如：「當旅費達到 1 萬元，就允許自己買一條登山褲。」這會讓你在儲蓄過程中有期待與動力。

### 5. 同步好友系統

找一位也想養成儲蓄習慣的朋友，每週互傳一次進度與情緒心得。這不只是互相激勵，也是一種「讓人知道我在努力」的正向回饋。

### 第三章　不是你不會存錢，而是你害怕錢留下來

這些策略的重點，不在於金額，而在於讓你的心能「參與」儲蓄的每一步。只要情緒與行動能夠同步，你的儲蓄就不會再是冷漠機械的自動扣款，而是你與未來生活建立連結的儀式。

### ➡ 把儲蓄變成創造選擇權的過程

真正「有感」的儲蓄，不是因為帳戶裡的數字讓你驚豔，而是因為它帶給你「我有選擇權」的實感。你可以不被工作綁死、可以為自己買時間、可以給家人更好的照顧、可以在不被逼迫下做選擇。

這種選擇權的感覺，才是金錢帶來的真正自由。

每一筆存下來的錢，都不是為了犧牲當下，而是為了創造未來更有意義的當下。當你從這個視角去看待儲蓄，你會發現它不再是負擔、不再是壓抑，而是一種「讓自己更有力量」的具體作為。

讓儲蓄有感，是一種心理行為設計，也是一種情緒關係的重建。當你的心能夠參與、能夠認同、能夠感受，你就不需要靠意志力來撐下去，因為儲蓄已經變成你生活中值得投入的行動之一。

## 第六節　建立情緒補償以外的快樂來源

### ➡ 為什麼你花錢總是帶著「報復性」？

許多人在生活壓力下會產生一種補償式消費的欲望。這種行為表現不一定浮誇，有時只是「今天被罵很煩，點個甜點犒賞一下」、「好累，先買個遊戲放鬆」、「連續加班三天，買這雙鞋不過分吧」。這些行為背後的驅力，其實不是物品本身，而是——你想透過消費獲得一點心理平衡。

這種現象在心理學上稱為「情緒補償機制」，即人們在面對壓力、焦慮、孤單、疲憊等負面情緒時，透過某種行為來重新獲得控制感或愉悅感。而消費，因其門檻低、立即回饋快、社會接受度高，便成為情緒補償中最常見的選擇。

然而，問題並不在於你「不該花錢」，而是在於你是否只有花錢這個選項？當你的快樂來源過度仰賴金錢交換來獲得時，任何財務計畫都將變得搖搖欲墜，因為一旦情緒波動，理性就會被擊潰。

要真正穩定儲蓄與金錢行為，你必須建立的是——「不靠錢也能快樂」的能力。

## 第三章　不是你不會存錢，而是你害怕錢留下來

### ➡ 快樂只來自消費？那是廣告灌輸的幻想

從小到大，我們都被無數廣告、社群、電視劇、流行文化反覆告訴一件事：「只要你買到，就會比較快樂」。廣告畫面總是這樣安排：買下手機，人就變得從容；穿上衣服，就變得自信；開著車，就擁有生活主導權。

但現實是，真正的快樂是「有機的」，來自你的經驗、關係、選擇、目標，而不是「被植入的劇情」。如果你的生活裡，快樂只能透過花錢才能製造，那麼你就不再是「使用錢」，而是「依賴錢」來調節情緒。

這種依賴性消費會造成一種長期的快樂鈍化：你越花越多，但滿足感卻越來越短暫。因為你的神經系統已經習慣了這樣的刺激強度，導致你需要更大的消費額或更誇張的物品，才能換得一點點感覺。

你並不是不懂節制，而是你還沒有其他可以讓你產生「我活著而且值得」的方式。

### ➡ 建立非消費性快樂來源的五種方法

為了穩固財務行為，我們必須刻意培養不靠花錢也能獲得的快樂來源。以下五種方法可以作為日常生活的補充：

## 第六節　建立情緒補償以外的快樂來源

### 1. 感官練習法

用視覺、聽覺、嗅覺、觸覺覺察生活，例如泡澡時注意水溫與香味、喝茶時感受口感與呼吸節奏，這些能讓你更敏銳地感受當下身體的舒適與快樂。

### 2. 成就記錄法

每天寫下一件讓你感覺自己很棒的小事，例如「我今天有完成早起」、「我拒絕了不必要的支出」，這會培養內在的自我效能感，而非靠外在刺激得快感。

### 3. 互動式正向回饋

與朋友、伴侶、家人創造低成本但有連結的活動，如共做晚餐、玩桌遊、徒步旅行、閱讀分享。這些經驗往往更持久，也較不會產生「花完就空虛」的反效果。

### 4. 儀式感建立

為某些時間段設立固定快樂行為，例如每週五晚間為「舒壓時間」，不必花錢，而是看一部你喜歡的老電影、重複閱讀某本書、整理你的房間。固定的正向儀式可提供穩定感與預期性快樂。

### 5. 創作或貢獻型活動

例如寫文章、拍攝短片、幫助朋友解決問題、參與志工。這些行為不但能提升成就感，也能擴大你對價值的定義，不再只是「買東西＝證明我夠好」。

### 第三章　不是你不會存錢，而是你害怕錢留下來

這些方法的共同特色是：它們都不以金錢作為進入門檻，也能在你資源有限時提供穩定的情緒支持。

## ➡ 情緒補償變情緒建設，從「逃避」變成「滋養」

當你能意識到自己原本是透過花錢來對抗壓力與空虛，那麼你就具備轉化的起點。轉化的第一步不是禁止花錢，而是問自己：「我還有沒有其他方式可以讓我覺得被照顧？」

人本心理學強調：自我接納是改變的前提；因此，重建與金錢的關係，先從接納現況開始。你不需要責備自己靠花錢來療癒情緒，那是一段你曾經需要的防衛機制。但現在，你可以開始溫柔地加上一些新的選項，讓快樂不必只有一條路。

當你不再每次壓力來臨時都立刻滑開購物網站，而是先走去陽臺晒太陽、寫下情緒日記、傳訊息給朋友、聽首老歌，你會發現──

快樂可以是從內部長出來的，而不是外部刷來的。

## ➡ 當快樂有了備援，金錢就不再是唯一出口

你不需要當苦行僧，也不必成為反消費主義者。你仍然可以喜歡逛街、喜歡買東西、喜歡偶爾對自己好一點──但你將不再仰賴它們來修補內心的缺口。

真正的財務穩定，不只是資產上的自由，更是心理上「我不

會被欲望操控」的自由。當你擁有多元的快樂來源，你的金錢行為才不會像情緒風暴下的溜滑梯，而是成為你可以駕馭的穩定平臺。

從今天開始，為自己建立兩條以上快樂的路徑。如此一來，當其中一條封閉時，你不會感到崩潰，因為你知道，你還有其他方法可以感到活著、被愛、被滿足。

那是一種不靠花錢，也能幸福的底氣。

## 第七節　存錢是一種選擇：為未來的自己買一點信任

### ➡ 存錢的真正意義，是對未來自己的信任與交付

多數人以為存錢只是為了應急或財富累積，但從心理層面來看，存錢其實是一種「信任未來」的選擇。你之所以願意將今天的資源保留下來，不是因為你無欲無求，而是你相信「未來的我值得被照顧」——而這份信任，其實正是自我價值與人生掌控感的展現。

當你決定不把錢花在眼前的快樂，而是轉向支持未來的生活目標，你其實正在對自己說：「我相信你會用得其所，我相信你值得那個可能更好的未來。」這不是節儉，而是一種深層的心理委託行為，是你願意與未來自己簽下的一紙合約。

### 第三章　不是你不會存錢,而是你害怕錢留下來

從這個角度來看,每一次存錢的動作,都是一種微小但堅定的自我信任表現。

## ➡ 不信任未來,是無法存錢的最大心理障礙

許多人存不下錢的原因,不是收入太少、欲望太強,而是他們在潛意識裡「不相信自己撐得到那一天」。這種信念可能來自生活的不穩定、過去經驗的失望,或是成長過程中對未來一貫的負面想像。

心理學家馬汀・塞利格曼(Martin Seligman)曾指出,長期處於「習得性無助」的人,會對未來失去信心,即使有資源也不願配置,因為他們相信無論怎麼安排,結果都不會好。這樣的心理狀態會導致兩種行為:一是過度消費來麻痺不確定感,二是完全逃避財務規劃以減輕焦慮。

要讓存錢變成可能,你首先要建立的不是財務制度,而是「我值得有未來」的心理圖像。只有當你真正相信明天值得期待,你才會願意為今天的犧牲賦予意義。

## ➡ 信任未來,是需要練習的能力

你可能覺得:「我就是沒辦法相信未來會更好」,這是非常正常的感受。畢竟在一個變動快速、壓力繁重的社會裡,對未來懷抱希望是一種需要刻意練習的能力。

## 第七節　存錢是一種選擇：爲未來的自己買一點信任

這項能力的養成不靠盲目樂觀，而是靠「證據累積」。換句話說，你需要創造一些真實的、小型的未來實現經驗，來支持你內在的信任感。

例如：

◆ 每次你存下一筆錢並完成某個目標（如繳完一筆學費、存夠一趟旅費），就去記錄它、慶祝它。

◆ 每當你抗拒衝動消費並留下儲蓄，就告訴自己：「我做得到，我正在照顧未來的我。」

◆ 為自己的未來設定畫面感強烈的場景，例如住在哪裡、每天怎麼生活，讓這些畫面變成你儲蓄時的內在支撐。

這些小練習會逐步改寫你對未來的心理劇本，讓「我值得擁有」成為新的內在信念。

### ➡ 存錢，是你給未來的自己的情書

我們常常替別人做很多準備，卻很少替自己留一點溫柔的空間。你願意存錢，其實是在告訴那個三年後的你、五年後的你、某天失業或生病時的你——「我沒有忘記你，我有在為你準備。」

這種心理連結會讓儲蓄不再只是一種限制，而是一種溫柔的責任感。你會開始願意忍住一時的欲望，是因為你愛你自己足夠深，願意撐住今天的誘惑，只為讓明天的你少一點辛苦。

第三章　不是你不會存錢，而是你害怕錢留下來

這並不容易，但它很值得。

存錢不是為了變有錢，而是為了讓未來的你知道 —— 你值得被投資、被照顧、被相信。

## ➡ 一個簡單行動：寫一封儲蓄信給未來的自己

為了強化這份信任感，你可以進行一個簡單但有效的練習：寫一封信給未來的自己。

信中可以包含：

◆ 你希望自己在未來擁有的生活樣貌

◆ 你現在正在做的努力

◆ 對未來可能出現困難的鼓勵與支持

◆ 對自己目前願意存錢的肯定與感謝

這封信不需要有人讀，它是你與你自己之間的對話，是你願意對未來下的一個承諾。你甚至可以把這封信存在儲蓄帳戶的備註欄位、寫在筆記本裡、放進一個信封貼在牆上 —— 每次想放棄時，就回頭看看它。

你會發現：當你相信未來，未來也會因此變得不一樣。

讓儲蓄成為你對未來自己的一點信任，一點保留，一點守護。不是因為你現在不夠，而是因為你相信 —— 未來的你，更值得擁有。

# 第四章
# 錢花到哪裡，
# 出賣了你是誰

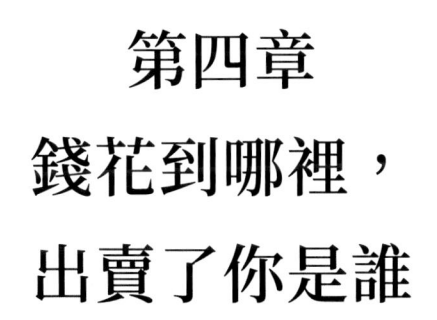

## 第四章　錢花到哪裡，出賣了你是誰

## 第一節　你消費的不是物品，而是心理需求

### ➡ 錢用在哪裡，心就在哪裡

你是否曾經疑惑：明明只是買了一杯精品咖啡，為什麼心情變得那麼好？或者，你在犒賞自己買下新手機後卻突然感到空虛？這些看似日常的消費行為，實際上透露了我們對內在需求的回應。

心理學家亞伯拉罕・馬斯洛提出「需求層次模型」，說明人類動機涵蓋生理、安全、歸屬、尊重與自我實現等面向。而消費，正是現代人滿足這些需求的一種方式。我們買的不只是物品，更是一種心理投射——對安全感的渴望、對身分的確認、對掌控感的尋找、對愛與被認同的期盼。

這也解釋了為何在心情低落時，你特別想購物；在被否定時，你更容易購買浮誇的東西來證明自己。消費不僅是理性運算的結果，往往同時受情緒波動與心理動機影響。你花錢的地方，就是你心正在說話的地方。

### ➡ 物品背後，藏著我們的自我敘事

當你走進商場挑選衣服，你以為你買的是布料與設計，但其實你買的是某一種「你希望自己成為的模樣」。

消費者研究中的「自我一致／身分基礎消費」觀點指出，人

們傾向購買能強化其自我敘事與身分認同的產品。例如：健身族群偏好運動品牌不只是為了機能性，而是藉由穿著來強化「我是一個自律的人」的認同感；又或者，一位新手媽媽選擇有機嬰兒食品，不僅是基於營養成分，而是出於「我是個好媽媽」的心理認證。

我們透過消費去構建自我形象，也藉此與外界建立關係。你買什麼，其實正是在說你是誰。這就是消費的敘事性：它不只關乎物質，也關乎認同、價值觀、社會角色與生活願景。

## ➡ 心理需求無法被物品真正填滿

雖然消費可以短暫地撫慰情緒，但它並無法真正填補內心的空洞。原因在於，消費解決的是「表層的需求」，但我們深層的心理需求往往複雜、模糊甚至難以言喻。

舉例來說，你可能因為孤單而買下一件昂貴的衣服，但穿上後仍感到落寞；你可能因為焦慮而大肆採購食物，但冰箱滿了，你卻沒有安全感。這是因為情緒背後的真正需求，往往是關係、接納、自我肯定與生命意義，而非任何物質可以取代。

創傷與情緒調節的相關文獻指出：當內在匱乏未被看見，人們常以外在刺激（包含消費）轉移注意，但這無法處理根本需求，反而會讓依賴感日益增強，最終形成「買了還是不滿足」的惡性循環。

## 第四章　錢花到哪裡，出賣了你是誰

### ➡ 消費前的提問：我真正要的是什麼？

與其讓自己在商場或網路平臺上不斷重複「想要－購買－短暫快樂－空虛」的輪迴，不如在每次花錢前停下來問自己：我真正需要的是什麼？

這個問題的答案，往往不會是「一雙新鞋」、「一頓大餐」或「一支新手機」，而是「我想感覺被重視」、「我需要喘口氣」、「我想找回掌控感」。當你能辨識出背後的心理需求，你就不會把希望寄託在錯的對象上。

你可以這樣練習：

◆ 每次購物前，問自己：「我此刻的情緒是什麼？」
◆ 問：「這筆消費真的能解決這個情緒嗎？」
◆ 再問：「除了買東西，我還有什麼方式可以滿足這個需求？」

這三個問題，能讓你從無意識的衝動，轉向有意識的選擇。不是禁止自己花錢，而是讓花錢成為一種更貼近真實自我的回應。

### ➡ 你怎麼花錢，就怎麼理解自己

我們不需要完全拒絕消費，但我們需要誠實面對自己的花錢習慣。你買的每一樣東西，其實都在說一段故事：你在意什麼、你缺乏什麼、你相信什麼、你渴望成為什麼樣的人。

當你願意從「買了什麼」轉向「為什麼想買」的提問，你就

開始進入一場與自我的深層對話。而這場對話的結果，不只是比較不會衝動花錢，更是讓你逐漸理解自己的心理地圖與價值邊界。

你消費的不是商品，而是自己生命裡那個還沒有被說清楚的情緒與故事。真正有智慧的消費，是既照顧需要，也看見欲望，但不讓它們牽著你走。

從今天起，讓你的每一筆花費，都是一次看見自己、理解自己的機會。這樣的消費，不只是支出，更是自我覺察的投資。

## 第二節　情緒性消費的本質是「我夠好嗎？」

### ➡ 情緒性消費不只是衝動，而是一種自我價值的測量方式

你是否有過這樣的經驗：在壓力大、失落、被否定或情緒低落的時候，特別想買點什麼來「療癒」自己？也許是一杯手搖飲、一雙鞋、一張機票，甚至是一整串網購商品。這些行為不見得是理性安排下的消費決策，反而更像是一種情緒反射。

這種行為就是情緒性消費（emotional spending），它背後的心理動機不是滿足需求，而是撫平某種內在的不平衡。表面看來是「我想要這個」，但實際上可能是「我需要讓自己覺得好一點」。這種行為在短期內有效，但在長期會讓人感到空虛、自責

## 第四章　錢花到哪裡，出賣了你是誰

甚至財務失控。

多項研究顯示，情緒性消費與個人的自我價值感與羞愧感受密切相關。當一個人感到「我不夠好」時，會傾向透過消費來快速提升自我認同或麻痺當下的不適感。你買的不是商品，而是某種「我值得」的證明。

### ➡ 「我夠好嗎？」是情緒性消費背後的真實問題

許多看似無意識的花錢行為，實際上都是在回應一個你內心不斷追問的問題：「我夠好嗎？」這個問題不一定被你清楚意識到，但它深藏在每一次想要透過外在物品證明自己的衝動裡。

當你在職場遭受挫敗時，你可能立刻買一套新衣服，試圖重新建立形象；當你與伴侶爭吵、覺得不被愛時，你可能訂了一桌大餐，只為了安撫那份「我還值得被好好對待」的情緒。這些行為在情緒層面是可以理解的，但若成為習慣，則容易讓我們掉進「透過消費換來價值感」的陷阱。

心理學家布芮妮・布朗（Brené Brown）曾指出，羞愧感（shame）是人類自我價值感受中最具破壞力的情緒，而消費常被用來短暫麻痺這種羞愧：「我買得起，我就不是失敗者」、「我穿得夠好，人家就會尊重我」、「我吃得起貴的，就代表我還行」。你越無法從內在獲得自我肯定，就越需要從消費中「買一點回來」。

## 第二節　情緒性消費的本質是「我夠好嗎？」

### ➡ 情緒性消費的三種常見面貌

以下是最常見的三種情緒性消費表現形式，幾乎人人都可能在不同時期經歷過：

#### 1. 補償型消費

當你覺得自己不夠好、輸人一截時，用消費來「追回失去的面子或價值」。例子如：被同事搶功，轉頭買昂貴配件提升存在感。

#### 2. 麻醉型消費

在情緒極端低落時，用大量、快速的購物行為來掩蓋痛苦或逃避焦慮。例如失戀後狂買衣服、被家人責備後訂爆網購。

#### 3. 比較型消費

當你覺得「別人都過得比你好」時，會以消費來維持社會比較的體面。例如看到朋友旅遊動態後立刻訂房，或因為同事換手機而跟進換機。

這些消費行為看似無害，但當它們變成你主要的情緒調節策略時，你就會被花錢行為綁架，失去對金錢與情緒的主控權。

### ➡ 用什麼取代「花錢才能覺得好」的模式？

如果你想減少情緒性消費，第一步是練習將焦點從「外在價值感」轉回「內在價值感」。以下是幾個實用的方法：

## 第四章　錢花到哪裡，出賣了你是誰

### 1. 自我價值日記

每天寫下一件讓你感覺自己有價值的事情，即使只是「今天有準時起床」、「我有幫同事解決問題」。透過記錄，逐步累積內在肯定。

### 2. 替代性獎勵清單

為自己設計一套非消費型的快樂選項，例如泡澡、散步、看老電影、寫信給朋友。當你有情緒波動時，先打開清單選擇，而非自動打開購物網站。

### 3. 認知重塑語言

將「我需要買這個讓我覺得有價值」改為「我本來就有價值，不靠這個來證明」。語言的調整會改變你看待自己與消費的角度。

這些做法的核心，是幫助你將價值感重新建立在「我是誰」，而不是「我有什麼」上。當你的自我價值感變得更穩固，你就不再需要用消費來換取一時的自我安慰。

## ➡ 真正的自我價值，
## 　　不是花錢買來的，而是慢慢活出來的

每一筆花出去的錢，其實都在說你如何看待自己。當你把「我夠好嗎？」的答案寄託在消費上，那麼你的自信就會隨帳戶餘額波動。但當你願意把自我價值建立在行動、信念、選擇與關係上時，你的情緒也會變得更加穩定。

不再用花錢來證明自己，是一種心理成熟的表現。

你依然可以享受購物的快樂，但你知道，你的價值，不依賴它。

真正穩定的金錢行為，從來不是靠限制欲望開始，而是來自於你對自己的深層理解與肯定。當你能回答「我夠好嗎？」這個問題，答案是肯定的——那麼即使你什麼都沒買，你也依然值得被愛與肯定。

## 第三節　被衝動牽著走，是因為你沒有替代選擇

### ➡ 衝動消費不是無法控制，而是你沒有設計好備案

你是否有過這樣的時刻？下班走進便利商店，本來只是想買瓶水，卻出來時手裡多了一袋零食與一盒甜點？或者在網路上無意間看到限時折扣，心跳加速、立刻下單，事後才懊惱：「我其實根本不需要。」

這些情境看似偶發，其實是心理與環境交互作用的結果。衝動消費（impulse buying）從來不是單純的意志力薄弱，它是一種「缺乏預備選項」的情境反應。當你在疲憊、壓力大或缺乏覺察時，環境中任何一個誘因都可能成為你情緒出口的觸發點。

## 第四章　錢花到哪裡，出賣了你是誰

根據行為心理學的研究，在高壓或強情緒下，與獎賞與情緒相關的腦區更容易驅動行動，而負責抑制與規劃的控制網絡相對受影響，因而較難延遲與抑制衝動。這意味著，在「想買」的當下，你的理性不是不存在，而是暫時被情緒壓制。

換句話說：你不是沒理性，而是理性根本沒有「武器」可以應對眼前的誘惑。那把武器，就是你事前設計好的替代選項。

### ➡ 為什麼你會「一買就後悔」？

多數人在衝動消費後都會有一段懊悔期，這是因為購物本身並沒有真正滿足你的核心需求。你以為你買的是一件衣服、一樣食物、一個體驗，但實際上你在尋求的是釋放壓力、擺脫無聊、填補孤單、逃避焦慮。

但當這些情緒沒有被正視，而是交由「購物」代打，結果就是短暫快感後的失落與自責。你越後悔，就越覺得自己沒用，而這種自責又會強化你下一次情緒不穩時的消費衝動，形成惡性循環。

這並非道德問題，而是心理慣性。要打破這種模式，就不能只靠「忍耐」或「強迫自己克制」，而是要創造「當下能選擇其他行為」的可能性。

## 第三節　被衝動牽著走，是因爲你沒有替代選擇

### ➡ 替代選擇的缺席，讓衝動變成預設反應

我們的日常行為，多半來自習慣與環境反應。如果你沒有預先設計一套「當我情緒不穩時，我可以做什麼」，那麼當壓力來襲、情緒波動時，你的大腦會自動選擇最熟悉、最容易、最不需思考的選項——而這個選項往往就是「買點東西」或「花點錢」來轉移情緒。

舉例來說：

- 如果你下班回家時總是感到空虛，卻沒有安排一段能量轉換的緩衝活動，那麼你很可能就會在進家門前點下一張外送大餐單。
- 如果你在假日長時間處於無聊狀態，卻沒有替代性的充電活動，那麼你滑手機時就會更容易點進購物網站。

這不是你不夠聰明，而是你沒給自己「備案」。「選擇理論」強調：人會在可取得的選項中，做出能滿足基本需要的當下最佳選擇；因此擴增替代選項，是改變行為的關鍵。

### ➡ 建立屬於自己的「消費替代選單」

為了不讓每次的情緒波動都指向花錢，我們需要設計一套屬於自己的「行為替代庫存」。以下是具體做法：

117

第四章　錢花到哪裡，出賣了你是誰

### 1. 辨認高風險情境

寫下你容易衝動消費的時間、地點、情緒與身體狀態。例如：加班後、跟家人吵架時、午休時刷社群平臺、看到某些折扣廣告等。

### 2. 對應情緒設定替代選項

針對不同情境預設三個行動選項，例如：「壓力大時我可以 —— 泡澡／打給朋友／散步聽 Podcast」；「無聊時我可以 —— 看紀錄片／閱讀小說／寫日記」。

### 3. 建立觸發提醒機制

用便利貼、手機行事曆或 App 設提醒，讓你在特定時間或情境出現時能意識到自己正在進入風險區域。

### 4. 儲備「情緒急救箱」

準備一個盒子或清單，裡面放著能快速轉移情緒但不花錢的小物或活動，如精油、筆記本、紓壓玩具、呼吸練習指導卡等。

這些替代選項不是用來「逼你不消費」，而是幫助你在需要的時刻，有其他可選的方式與情緒相處。

## ➡ 自主選擇，是讓消費行為回到你手上的關鍵

當你開始練習替自己建立選擇，你就會發現：你其實不是真的那麼想買東西，而是你在當下「不知道還能做什麼」。一旦

你有了其他選項，消費就不再是唯一的解方，而變成「眾多回應方式中的一種」，你可以選，也可以不選。

這就是消費自由的起點。

真正的自主，不是從來不花錢，而是你知道你為什麼花、你知道你還能不花、你知道你可以有別的選擇。當消費不再是逃避、報復或補償，而是你清醒的決定時，你才真正掌握了你的金錢與生活節奏。

你不是被衝動帶著走的人。你是那個能夠設計自己反應的人。

從現在開始，試著替每一個熟悉的衝動，建一張新的選單。你會發現，真正的自由，不是限制，而是「我可以選擇不走那條老路」。

## 第四節　消費人格類型測驗：你是哪一型？

### ➡ 你以為你在買東西，其實你在展現性格

每一筆消費，都不只是選擇商品，更是選擇了展現某種「我是誰」的方式。當你走進書店，買下一本理財書，或是選擇某個品牌的手錶、某種風格的咖啡店、某種旅行路線，你的消費行為其實就像一張性格履歷表，正在向世界投遞某種信號。

依榮格學派的觀點，無意識中的原型與角色期待會影響外

## 第四章　錢花到哪裡，出賣了你是誰

顯行為；在消費脈絡，這常展現在用購買來演繹某種身分。我們買的不只是東西，更是價值觀、身分定位與內在渴望。

消費人格的分類，並不是用來貼標籤，而是幫助我們從慣性的金錢選擇中看見自己的心理結構。當你知道自己是哪一種消費型人格，你就更有機會釐清消費背後的心理語言，進而做出更有覺察與主控感的金錢決策。

### ➡ 六大消費人格，你是哪一型？

以下是綜合行為心理與消費者研究觀點所整理的六種常見消費取向（供自我覺察，非嚴格類型），你可以一邊閱讀，一邊想想自己是否有某些傾向：

#### 1. 補償型

消費是為了彌補情緒失衡或價值感不足。常在情緒低落時購物，希望透過花錢「找回自己」。購物後常出現短暫滿足，之後又感空虛。

#### 2. 認同型

消費是為了強化某種身分或角色認同。偏好購買特定品牌、風格商品，藉此向他人或自己證明「我就是這樣的人」。消費與形象高度綁定。

### 3. 控制型

消費計畫極為嚴格，有強烈的財務安全需求。對花錢抱有高度焦慮，傾向儲蓄與控制支出。有時會壓抑欲望而產生內在衝突。

### 4. 逃避型

透過消費來逃避壓力、無聊或人際困境。購物成為一種暫時退出現實壓力的手段。常見於工作壓力大或生活缺乏目標感者。

### 5. 分享型

消費以滿足他人為導向，重視禮物、請客、關係建立等。願意為人花錢，但對自我需求反而節省。可能忽略自身金錢界線。

### 6. 探索型

消費是為了體驗與學習，樂於嘗試新產品、參加活動、拓展視野。雖不一定購買昂貴商品，但花錢意願高，偏好「花得值得」。

這些類型並非互斥，你可能同時具有兩到三種類型的特質，會依照情境變化而展現不同面向。但多數人會有一種主導傾向，也就是最常見的消費心理出發點。

## ➡ 進行你的消費人格自我測驗

你可以透過以下簡易的問題，來初步辨識自己傾向於哪一種消費人格：

## 第四章　錢花到哪裡，出賣了你是誰

1. 當你心情不好時，你會：

    A. 想去逛街或點外送→補償型

    B. 想讓自己看起來更好或穿得更有型→認同型

    C. 更謹慎地計算接下來的花費→控制型

    D. 想上購物平臺或出門亂晃放空→逃避型

    E. 想買點什麼給朋友或家人→分享型

    F. 想找個新地方或試個新東西→探索型

2. 你最常猶豫的花錢情境是：

    A. 花錢在自己身上會內疚→分享型

    B. 買太貴會一直懊惱→控制型

    C. 怕別人覺得你太浮誇→認同型

    D. 擔心買了之後其實沒用→補償型

    E. 花完還是感覺空虛→逃避型

    F. 購物不是重點，經驗才重要→探索型

3. 若近期收入多了一筆意外獎金，你會：

    A. 馬上想請朋友吃一頓→分享型

    B. 存起來，暫時不動→控制型

    C. 買件高級但平常不敢買的東西→認同型

    D. 不確定怎麼用，但很想花掉→補償型／逃避型

    E. 安排一場體驗旅程→探索型

第四節　消費人格類型測驗：你是哪一型？

統計你的答案，出現最多次的選項對應的類型，可能就是你目前的主導消費人格。

## ➡ 認識自己，才有機會重寫消費腳本

了解自己的消費人格，不是為了控制自己，而是為了理解自己為什麼總會「花得莫名其妙」、「買完又後悔」、「難以存錢」。一旦你能理解自己的心理驅動，就能設計出符合自己特質的理財與消費策略。

例如：

◆ 補償型的人可加強非消費型情緒調節技能，如寫情緒日記、正念練習。
◆ 控制型的人需要為自己設計「容許花費」，以降低壓抑感。
◆ 分享型者則需練習界線與拒絕，學會「先顧好自己」並不自私。
◆ 認同型者可思考「除了外在標誌，我還能如何定義自己」？
◆ 探索型者則可用體驗基金取代隨性支出。

你無法消滅消費欲望，但你可以讓它與你站在同一邊。

當你開始帶著理解看待自己的消費模式，花錢就不再是慣性，而是有意識的選擇。你不用壓抑自己，也不必過度放縱，而是找到一種與金錢共處的平衡感 —— 不被消費性格牽著走，而是引導它成為你生活的一部分，並為你所用。

# 第四章　錢花到哪裡，出賣了你是誰

## 第五節　花錢前的五秒覺察法

### ➡ 你不是沒自制力，而是沒給大腦一點反應時間

我們總是說：「下次我要克制衝動，不要再亂買東西。」但真實情境中，你可能還來不及思考，手就已經點下了付款鍵。衝動性消費為什麼那麼難戒？因為它快得讓你根本沒有「意識介入」的機會。

根據神經心理學的研究，決策同時涉及多個網絡：情緒與獎賞線索會迅速吸引注意，隨後執行控制與評估系統參與；兩者並行並相互調節。但如果沒有一個「暫停點」讓你思考，這個理性的過濾系統根本無從運作。這也就是所謂的「即時欲望反應模式」：看見→心動→點擊→後悔。

要打破這條神經路徑，我們需要插入一個極短但關鍵的時間間隔 —— 五秒鐘。這五秒鐘不是要你反省、深思，而只是讓你的大腦有時間讓理性意識上線。

這就是「五秒覺察法」的核心精神：讓每一次消費都多一點空間，讓你有機會從自動反應轉向有意識的選擇。

### ➡ 「五秒覺察法」是什麼？

「五秒覺察法」是一個實務技巧，結合了正念的「暫停」與行為改變中的「實行意圖／刺激控制」觀念。它的目的是協助你在

## 第五節　花錢前的五秒覺察法

做出花錢決定前,多停留五秒鐘,用來進行快速的內在提問與感受觀察。

做法如下:

當你出現想要消費的衝動(不管是點擊、刷卡或拿起商品)時,先暫停五秒,並在心裡進行三個步驟:

(1) 感受身體反應:我現在的身體有什麼感覺?是緊張、興奮、疲憊,還是空虛?

(2) 命名情緒:我此刻的情緒是什麼?是快樂、孤單、焦慮、被壓抑、覺得不被看見?

(3) 辨識動機:我為什麼想買這個?是真的需要?還是想補償?還是想逃避?

這五秒不需要你做出決定,只要讓你從「自動模式」切換到「觀察者視角」,你的大腦就會啟動新的處理迴路,讓理性得以參與決策。

➡ **為什麼五秒就足夠?**

大眾書作者梅爾・羅賓斯(Mel Robbins)提出的「五秒法則」主張以短暫倒數打斷慣性行為;若要在研究基礎上運用,可結合「實行意圖」(例:當我想下單時,就先倒數五秒並做三個提問)與「正念暫停」的做法。太短的大腦來不及運作,太長則容易讓人產生抗拒或轉移注意力。

## 第四章　錢花到哪裡，出賣了你是誰

當你習慣在消費前進行五秒鐘的內在檢查，大腦會逐漸形成「消費＝思考」的連結。這不代表你就不會買了，而是你更有機會去辨識：這是不是一筆值得的支出？這是不是你真的想要的東西？

更重要的是，你會漸漸把花錢這件事，從情緒反射轉變為價值選擇，從而建立真正穩定且自主的金錢行為。

### ➡ 如何讓「五秒覺察法」變成習慣？

一開始實施時，你可能會忘記、跳過，或事後才想到自己應該覺察。這都沒關係，關鍵是「有意識地練習」。以下是讓它變成習慣的五個方法：

(1) 設置提醒裝置：將「5 秒」或「Pause」設成手機桌布、信用卡背後貼紙、購物 App 首頁便條等，讓自己在關鍵時刻看見提示。

(2) 每日一次回顧：每天睡前花 3 分鐘回想今天有幾次衝動購物的念頭？有幾次成功用五秒中斷？無論成功與否都記錄下來，強化覺察力。

(3) 與朋友一起實踐：找一位也想減少衝動消費的朋友，每週分享彼此的五秒經驗，互相鼓勵，也可作為行為反思的鏡子。

(4) 結合購物清單法：事前寫好每次購物要買的項目，購物當下使用五秒法檢查：「我手上的這項，是在清單上嗎？如果不是，我真的需要它嗎？」

(5) 獎勵覺察行為：每成功一次五秒停下來，即使最後還是決定購買，也可以給自己一句肯定：「我有停下來，我有練習掌控自己。」這會建立正向迴路。

### ➡ 五秒鐘的力量，足以改變你的財務命運

許多財務問題，並不是出在計畫錯誤或收入太低，而是出在無數次「來不及思考」的行動累積。當你願意給自己多五秒，那不只是時間的間隔，更是心理空間的拓展。

這五秒，讓你成為決策者，而非欲望的被動接受者。

五秒太短嗎？不，其實剛剛好。因為你不需要每次都完美選擇，只要你每次都願意多一秒反思，你就比昨天更有力量。

從現在開始，讓「五秒覺察法」成為你錢包裡的一把心理工具。不是為了省錢，而是為了活出一個更清醒、更尊重自己選擇的生活。

## 第六節　消費後的「價值回饋」練習

### ➡ 你花出去的錢，其實可以「回來」一點什麼

多數人對花錢的反應有兩種極端：一是「買完就後悔」，一是「買了就假裝沒事」。前者陷入罪惡感，後者進入否認狀態。

## 第四章 錢花到哪裡，出賣了你是誰

但很少人會在消費後，認真停下來問自己：「我從這筆花費中得到了什麼？」

這不是要你為每筆開銷找藉口，而是要你練習從「支出」中提取「價值」，讓花出去的錢成為心理成長與自我理解的線索。

這就是「價值回饋」的概念：你所付出的金錢，不只是物品交換，更是一個機會——讓你觀察自己的選擇、重組價值觀、理解欲望、重新調整未來行動。

如果你願意把每一次花錢當作一次與自己的深層對話，那麼你就不會只是花錢，而是在花錢中認識自己。

### ➡ 什麼是「價值回饋」？

「價值回饋」指的是在消費行為完成後，主動進行自我檢視與價值提煉的練習。它並不是檢討，更不是責備，而是一種後設認知：你從這筆消費中，學會了什麼？感受到了什麼？未來會有什麼改變？

這個練習不只幫助你更有意識地調整消費模式，也能累積更細緻的金錢感知能力。長期而言，它將強化你「用錢買到對自己真正重要的東西」的能力，而不再只是追求表面的獲得。

### ➡ 「價值回饋」練習的五個問題

每當你完成一筆消費（尤其是非必要性消費）後，可以找一

個安靜時間，回答以下五個問題：

1. 我為什麼會想買這個？當下的情緒是什麼？

　　這可以幫助你理解這次消費是否是情緒性反應，還是源自真實需求。

2. 這筆花費帶給我什麼感受？開心？後悔？有價值？沒感覺？

　　這有助於你辨識不同消費類型所引發的情緒連結。

3. 如果回到當下，我還會做同樣的選擇嗎？為什麼？

　　這可以強化你未來面對類似情境時的預判與自我覺察。

4. 我可以從這筆花費中學到什麼？它代表了我什麼樣的價值觀或渴望？

　　這讓消費行為成為認識自我價值的重要線索。

5. 下次我可以怎麼做得更貼近我的目標或生活狀態？

　　這是一種未來導向的轉化提問，幫助你從經驗中創造改變。

　　你不需要每筆支出都做這個練習，但每週選擇 2～3 筆你覺得有感的消費，進行這樣的提問與書寫，就能建立長期的金錢與情緒對話習慣。

➡ **為什麼這比單純記帳更重要？**

　　傳統記帳著重於「記得金額」，但忽略了「感受與動機」。很多人記帳記了一年，還是控制不了自己的消費，原因就在於：

## 第四章　錢花到哪裡，出賣了你是誰

他們只知道自己花了什麼，卻不知道「為什麼會花」以及「花了之後的感受是什麼」。

「價值回饋」練習補足了這個盲點。它不是記錄數字，而是建立情緒與選擇的關聯性。當你持續練習，你會更清楚：

- 什麼類型的消費最能帶來真正滿足？
- 什麼狀態下的消費最容易後悔？
- 自己的金錢決策習慣有哪些盲區與成長空間？

這些認知的累積，將成為你未來做出清晰、穩定、貼近自我價值的金錢行為的基礎。

### ➡ 消費，也可以是一場內在成長的旅程

當你開始練習「價值回饋」，你會發現——花錢這件事，不再只是金額的流動，而是一種生命中的選擇記錄。它記錄了你此刻的渴望、風格、需求與價值觀。

你可以從一次花太多的經驗中發現自己對空虛的反應；你可以從一次物超所值的消費中確認什麼是「真正的需要」；你也可以從一次衝動購物中學會自我原諒與修正。

我們不追求完美消費，而是追求更貼近自己的選擇。

每一次支出，都有可能是一堂心理課。只要你願意花一點時間回頭看看，花出去的錢，就不只是變少的數字，而是你內在意識正在成熟的痕跡。

從今天起，試著讓每一次消費都留下痕跡，不只是發票，而是一小段寫給自己的價值回饋。

那會讓你不再只是「消費者」，而是「生活的設計者」。

## 第七節　每一次花費，都是一次身分認同的展示

➡ 花錢，是在說「我是誰」

我們習慣將「身分認同」視為證件上的資料：姓名、年齡、職業、國籍。但在心理層面上，身分認同更像是一種「我如何看待自己」的總結，而這樣的自我敘事，往往藏在你日常的選擇裡，特別是 —— 你怎麼花錢。

當你走進一家書店挑選書籍、點一杯咖啡、購買一張音樂會門票、訂一趟旅行、選擇某種品牌的鞋或車，每一筆花費都在描繪你的身分輪廓。你花的不是錢，而是你想讓別人、讓自己相信的那個「我是這樣的人」。

艾瑞克森（Erik Erikson）在心理社會發展理論中指出：不同發展階段都會面臨「身分／角色認同」課題，行為選擇常是其外部表現。換句話說，你每一次刷卡的背後，潛意識裡可能正在向世界傳遞：「我有品味」、「我是個溫柔的人」、「我過得很好」、

## 第四章　錢花到哪裡，出賣了你是誰

「我有能力」、「我正在改變」。

你花錢的方式，正是你正在建構的自我形象。

### ➡ 消費，是現代人的身分語言

在社群平臺主導的時代，消費不再只是私密的個人選擇，它也變成了公開的身分資訊。你去哪裡吃飯、買什麼、住哪裡、穿什麼，這些行為常常會被攝影、打卡、標記，變成一種「我屬於什麼圈層」的公開陳述。

這就是「消費等於敘事」的現象：我們不只透過語言，也透過商品、品牌、體驗來說故事。你選擇的每一個東西，都可能是身分編碼的一部分。

- ◆ 喜歡買手工設計品，可能代表你想與主流市場保持距離
- ◆ 常在誠品或獨立書店消費，可能象徵你重視文化品味與深度
- ◆ 熱衷於限量球鞋、潮牌服飾，可能與社會地位與群體歸屬有關
- ◆ 投入有機產品、慢食生活的人，可能正在傳達價值導向與生活哲學

這些行為沒有對錯，但如果我們從未察覺自己透過消費進行「身分表演」，就容易落入「為了符合角色形象而消費」的陷阱。

## 第七節　每一次花費，都是一次身分認同的展示

### ➡ 當你不知道你是誰，你就只能花錢去證明

真正的問題不在於「花錢是否炫耀」，而是「你是否有其他方式可以表達你是誰」？當一個人對自己的認同模糊、價值感不穩，他就越容易仰賴消費來尋求他人肯定與自我穩定。

這種狀態可能在以下情境中特別明顯：

- 剛失戀，開始大量換衣服、換造型，希望能重建自我形象
- 初入職場，過度追求品牌來填補「不夠專業」的焦慮
- 社交圈變動，為了不落單而強迫自己「跟上某種風格」

你買的東西，是不是你真正喜歡的？還是你覺得「必須這樣別人才會認同你」？

如果你沒有意識到自己是在「用消費證明價值」，那麼你就永遠無法從消費中獲得滿足，因為你追求的不是物品本身，而是一個永遠不會被填滿的角色空缺。

### ➡ 建立穩定的身分認同，讓你更自由地花錢

要跳脫「消費＝身分表演」的困境，你需要的是──更穩定的內在認同。這不代表你不再花錢，而是你能更自在地花，因為你知道「我是誰」，不必靠外在來證明。

以下三個練習，有助於你穩固自我認同，減少角色焦慮型消費：

第四章　錢花到哪裡，出賣了你是誰

### 1. 寫下「我是誰」三句話

不以職業或收入定義，而是價值與關係角度，例如「我是個重視自由的人」、「我是個願意傾聽的朋友」、「我是個正在學習的人」。

### 2. 檢查你的購物車

打開網購平臺或最近的發票，問自己：「這些東西，是否符合我剛寫下的自我描述？」若落差很大，可能是你在用消費彌補認同焦慮。

### 3. 設定「非花錢型認同展現」清單

例如寫作、創作、幫助別人、學習新技能等，這些都是能展現自我而不依賴金錢的方式。

當你開始用生活與行動建立自我認同，你就不再需要靠品牌、物品、價格來說服別人你是誰。

## ➡ 你不是消費者，你是自我敘事的創作者

我們都在花錢，也都在生活。但差別在於：有些人是用消費來「填補自我」，而有些人，是用消費來「延伸自我」。

前者總是焦慮、易受影響、容易比較與懷疑；後者則更從容、更穩定、更能選擇什麼對自己真正重要。

從今天開始，不妨這樣問自己：這筆花費，是出於我真實的生活需求？還是我想讓別人覺得我過得不錯？

## 第七節　每一次花費，都是一次身分認同的展示

每一次花錢，都是一次對自我的聲明。你可以讓它只是流動的金錢，也可以讓它成為一段自我成長的語言。

你花的每一筆錢，正在寫你是誰的故事——那麼，讓它寫得誠實一點，也自由一點吧。

## 第四章　錢花到哪裡，出賣了你是誰

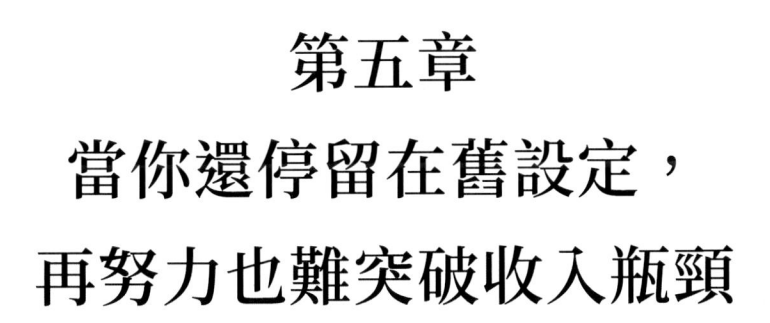

# 第五章
## 當你還停留在舊設定，再努力也難突破收入瓶頸

第五章　當你還停留在舊設定，再努力也難突破收入瓶頸

## 第一節　你對「有錢人」的第一印象，是崇拜還是排斥？

### ➡ 我們對有錢人的情緒，是羨慕還是戒備？

當你聽到「有錢人」這三個字，腦中浮現的是什麼畫面？是一位開著名車、穿著名牌、住豪宅的成功人士？還是某個貪婪、冷血、不擇手段的剝削者？這個第一反應，其實說明了你內心深處對金錢的情緒編碼，也隱含了你對自己能否成為富有者的心理界線。

社會學家皮耶・布赫迪厄（Pierre Bourdieu）曾指出，社會階級不只是收入高低的區分，更是一種「文化位置」的認同與排斥。我們在成長過程中從家庭、媒體、學校、宗教等各種系統中接收到「有錢人是怎樣的人」的訊息，而這些訊息逐漸內化為我們的金錢信念，影響著我們日後的財務選擇與收入能力。

若你內心深處認為「有錢人都是剝削別人的人」、「有錢人很膚淺」、「有錢人不快樂」，那麼即使你表面上渴望財富，潛意識卻會下意識地抵抗你邁向那個位置，因為你不想成為「那樣的人」。

## 第一節　你對「有錢人」的第一印象，是崇拜還是排斥？

### ➡ 社會文化如何塑造我們對財富的刻板印象？

從小到大，我們接受的各種文化敘事往往把「貧窮＝善良」、「富有＝邪惡」畫上等號。童話故事中的壞人常常是富翁或貴族，電影裡的反派總是開名車、講英國腔、冷血無情。反之，主角總是窮但心地善良、樂於助人，最後戰勝了邪惡的資本家。

這些故事固然有其戲劇需求，但也在無形中植入了對財富的懷疑與敵意。有研究指出，當人們被提醒自身的相對階層處境時，較可能對高收入者產生負面評價與情緒距離。

這種「防衛式價值觀」雖然能保護我們在經濟弱勢時的心理平衡，卻也在無形中設下限制。你無法成為自己厭惡的那種人。這就是為什麼許多人在面對金錢成長機會時，會自我懷疑、自我矮化，甚至拒絕談錢，因為他們不想被貼上「勢利」、「自私」、「不善良」的標籤。

### ➡ 崇拜與排斥同時存在，是心理矛盾的主因

一方面，我們希望自己更有錢、更自由；另一方面，我們又覺得談錢太世俗、太計較，不夠有愛。這種「既想接近又想遠離」的矛盾心理，使我們難以清楚定位自己與金錢的關係。

這種矛盾在以下情境中特別常見：

◆ 你羨慕別人的年收入，卻會在背後說「他應該工作不開心吧」

## 第五章　當你還停留在舊設定，再努力也難突破收入瓶頸

- 你希望自己的事業成功，卻覺得「努力賺錢會變得冷血」
- 你渴望收入提高，卻害怕別人以為你「很貪心」

心理學家費斯廷格稱這種狀態為「認知失調」：當一個人的信念與行為不一致時，會產生心理不適，進而以扭曲現實或改變信念來降低焦慮。但若我們無法正視這種失調，就會不斷用情緒抵抗成長，最後讓收入與能力卡在一個瓶頸。

### ➡ 你對「有錢人」的投射，正在限制你成為誰

你是否曾經說過這些話？

- 「我不喜歡太愛錢的人」
- 「我不要變成那種一肚子算計的人」
- 「我寧可少賺點，也不要犧牲生活品質」

這些話可能來自真誠的生活選擇，也可能是你對財富的防衛性投射。當你無法認同一個「既善良又富有」的形象時，你就無法讓自己走向那個版本。

因此，第一步不是去賺更多錢，而是去更新你心中對「有錢人」的認知。問問自己：

- 我相信有錢人可以是善良的嗎？
- 我相信財富可以被正義地創造嗎？

## 第一節　你對「有錢人」的第一印象,是崇拜還是排斥?

◆ 我願意相信我值得擁有財富,而不會因此失去原本的自己嗎?

當你開始釐清與修正這些潛在信念,你才可能真正敞開自己,讓金錢進來,而不是潛意識地把它推開。

### ➡ 鬆動「有錢人＝壞人」的連結,才能讓你重新設定財富的定義

我們需要的是一種新的財富敘事:有錢不是錯,使用財富來實現價值才是關鍵。你可以成為一個有錢但不炫耀的人、一個富有卻謙遜的人、一個收入高但不剝削的人。

當你不再害怕成為「那種人」,你才會願意讓自己走近那個位置。你不用成為別人期待的樣子,你只要定義屬於自己的財富樣貌。

你對「有錢人」的第一印象,其實就是你對自己的未來形象的想像。如果你願意讓這個想像變得更完整、更豐富、更真實,你就有可能創造一條既誠實又富足的路。

從今天開始,練習這個提問:

「我可以是怎樣的一個有錢人?」

答案裡藏著的,將是你未來財富的空間大小。

第五章　當你還停留在舊設定，再努力也難突破收入瓶頸

## 第二節 「我配得」嗎？收入上限來自信念而非技能

### ➡ 技能不是限制，信念才是隱形的收入天花板

你可能以為，賺錢的關鍵是專業力、經驗值與市場眼光。但真實情況是：世界上有許多能力不輸你的人，卻收入遲遲無法突破，原因不在技術層面，而是心理層面的「允許程度」。

所謂「允許程度」，指的是你在潛意識裡對於自己應該擁有多少金錢的上限設限。這種限制常常來自早期經驗的內化，例如：

◆ 「錢很難賺」

◆ 「我不值得擁有太多」

◆ 「有錢人會被討厭」

◆ 「如果我賺太多，家人會覺得我變了」

這些想法會變成一種「心理收入範圍」，只要實際收入突破這個範圍，身體就會開始不舒服、焦慮，甚至會不自覺地做出自我破壞的行為，例如拒絕機會、報價偏低、工作過度、忽略自己，或者將賺到的錢迅速花光。

## 第二節 「我配得」嗎？收入上限來自信念而非技能

### ➡ 自我價值感決定你「開口要多少」

納撒尼爾‧布蘭登（Nathaniel Branden）強調，自尊會影響一個人允許自己追求與承接的報酬與機會。當一個人內心深處相信「我沒有那麼好」，那麼即使外在條件允許他爭取更多，他也會覺得「我哪有資格要那麼多」。

這樣的信念會具體展現在你「開口報價」的那一刻。你會下意識壓低價格、過度解釋、擔心被拒絕，或者在對方反應之前就先退縮。你不是沒能力談高價，而是你潛意識裡認為「我不配」──而這正是限制收入成長的最大盲點。

塔拉‧莫爾（Tara Mohr）在《姊就是大器》（Playing Big）中討論到，女性在談薪資與自我評價上常出現低估現象，此觀察亦與多項相關研究的發現相符。

### ➡ 金錢進不來，
### 不是因為你不夠好，而是你不敢承接

想像你的內在如同一個容器，這個容器裝的是你能承接多少價值、責任、與回報。如果你的容器尚未擴大，即使宇宙給你更多的機會與金流，你也會感覺「壓力很大」、「撐不住」、「我快崩潰了」。

這不是因為你真的撐不住，而是你的心理設定還沒準備好承接更大的財富能量。

## 第五章　當你還停留在舊設定，再努力也難突破收入瓶頸

舉例來說：有些人升遷加薪後，反而更焦慮，擔心配不上新頭銜、怕被看穿是冒牌貨；有些人接到大客戶，卻因為心裡不相信自己值這個價碼，而不敢好好收錢、提供完整服務。

這些都不是技術問題，而是心理上的「容許能力」不足。你越相信自己配得，金錢越會停留；你越懷疑自己，錢就越快溜走。

### ➡ 如何提升「配得感」：三個具體練習

若你想擴大你的金錢承接力，請從這三個練習開始：

#### 1. 每日自我肯定句練習

每天寫下三句「我值得⋯⋯」的肯定句，例如：「我值得擁有豐盛的收入」、「我值得被尊重與回報」、「我值得賺得輕鬆又自由」。讓這些語言取代你腦中舊有的否定腳本。

#### 2. 金額視覺化訓練

在筆記本或白板上寫下「我一年可以收入 ×× 萬元」，金額設定比你現在多兩倍以上，每天看著它，觀察你內心的抗拒、浮現的念頭，並寫下它們。這是一種挖掘內在限制信念的方式。

#### 3. 練習「不解釋」報價

下次你報價時，練習不急著補充理由、不預設對方反應，只簡單清楚地說出數字。你會發現，對方接受與否往往與你想像的無關，而你自己才是先卡住的那個人。

這些練習的目的是：讓你重新校準「我是誰」與「我配得什麼」之間的落差，讓你從心理上打開一個新的收入天花板。

### ➡ 你的收入天花板，其實是內在允許的地板

許多人誤以為財富的差距是因為「能力差距」，但更多時候，是「配得感的差距」。你越能承認自己的價值，越能允許金錢進來，越能看見高價背後的真實貢獻。

真正的「高收入者」並不是那些最拚命、最聰明的人，而是那些最能全然接住自己價值的人。

從今天開始，問問自己：「我願意賺多少，不是我能賺多少。」這個問題的答案，才是真正拉開財富差距的起點。

## 第三節　心理容器決定財富進入的速度與容量

### ➡ 不是錢進不來，而是你接不住

當你努力經營事業、積極進修技能、尋找合作機會，但收入總是無法突破某個門檻時，你可能會歸咎於市場、產業、經濟環境，卻忽略了一個核心問題：你能不能「接得住」更多的金錢？

這裡的「接得住」，不是能力問題，而是心理容器的問題。就像一個裝水的杯子，如果容量只有 300 毫升，即使你有源源

## 第五章　當你還停留在舊設定，再努力也難突破收入瓶頸

不絕的水龍頭，也無法多裝一滴。你的心理容器，就是你允許、承接、管理財富的內在空間。

心理容器小的人，往往對金錢有許多焦慮、懷疑、恐懼與矛盾。當財富真的來臨時，他們會不自覺地縮手、閃避、退讓，甚至選擇錯誤的方式把錢花掉，好讓自己回到熟悉的安全範圍。這種現象，並非罕見，而是大多數收入停滯者的共通盲點。

### ➡ 心理學如何定義「容器」？

在精神分析與發展心理學的脈絡中〔如溫尼考特（Donald Winnicott）的「抱持／持容（holding）」與比昂（Wilfred Bion）的「容器－被容器」概念〕，常用以描述個體承接與調節內在情緒與外界刺激的能力。在財務心理學中，這個概念被擴展為「你能承接多少價值、金流與責任的能力」。

容器越大，表示你可以同時處理複雜的財務議題、穩定地做出高價值決策、承接更多他人對你的信任與資源流入。

容器越小，則表示你容易被高收入帶來的焦慮壓垮，無法承受社會期待、不知道如何安排金錢、不敢面對成為成功者之後的改變，甚至故意把錢花光來「回到舒適區」。

## 第三節　心理容器決定財富進入的速度與容量

➡ **三種常見的「容器裂縫」**

你的心理容器可能有裂縫，導致財富進來後很快又流失。以下是三種常見形式：

- 價值懷疑型裂縫：你不相信自己的付出值得那個價格，即使對方願意付高價，你也會心虛或過度補償。
- 責任逃避型裂縫：你害怕金錢帶來的角色轉變或責任加重，因此下意識地推開高收入機會。
- 自我設限型裂縫：你對自己有一個上限認定，例如「我一個月收入超過十萬就會壓力大」，一旦突破就會出現身體或情緒上的反彈行為。

這些裂縫都會讓你的容器無法穩定蓄水，進而形成「賺得多也留不住」的模式。

➡ **如何擴大你的心理容器？**

要擴大容器，首先要意識到它存在，其次要有系統地培養以下三種能力：

### 1. 承接能力

學習如何接住稱讚、報酬、資源，不逃避、不自我懷疑。例如當別人說你值得高薪，不要說「沒有啦」，而是說「謝謝，我會好好珍惜」。這種語言的轉變，就是一種承接練習。

## 第五章　當你還停留在舊設定，再努力也難突破收入瓶頸

### 2. 界線設定力

心理容器不只是容量，也包括邊界。學會為自己設下財務、人際與時間的界線，才能確保資源進來後不被過度消耗。例如設定週末不回應工作訊息、面對客戶明確提出合約條件，這些都是在維護容器不被刺破。

### 3. 自我更新機制

容器是可以擴建的，但需要不斷修補與加強。這包含日常的反思練習、情緒調節能力與價值觀對話。每一次你挑戰自我設定的收入上限、接住新的合作、面對成就而不逃避，都是一次擴容的實踐。

## ➡ 你的財富速度與容量，決定於你內心有多穩

很多人把「賺更多」當成唯一的目標，卻忽略了「讓自己能接住更多」的內在工程。結果是：收入增加了，但壓力也增加；機會來了，但能力無法承接；錢多了，但不知如何使用與保存。

如果你的心理容器足夠穩定，那麼你接到更多金錢時，不會焦慮、不會自責、不會逃避，而是能夠安然地擁有、管理、分配與創造更多價值。

財富不是追來的，而是「接來的」。你不是去搶一杯水，而是讓自己成為一個更大的水缸。

從今天開始，問問自己：

- 我承接金錢時的情緒是什麼？緊張？愧疚？還是從容？
- 我在哪些情境中會「故意把錢花掉」？
- 我是否準備好讓金錢流進來，並好好接住？

你的答案，就是你容器的形狀。而你願意看見這個形狀的那一刻，就是擴容的開始。

## 第四節　自我價值感與開口報價的關聯

### ➡ 價格，不只是數字，更是你對自己的定位

每個人都曾面臨過這樣的時刻：準備報價給客戶、主管問你預期薪資、朋友邀你參加收費活動要你定價。這些看似單純的金額決定，往往背後藏著複雜的心理拉鋸。

你報出的價格，不只是商品或服務的市價，更是你對自己價值的詮釋。作家與談判研究作者莎拉・拉舍維爾（Sara Laschever）指出，開口金額常反映報價者的自我評價與權利感受。如果你內心認為「我不值那個價」，即使對方願意付，你也可能會主動打折、過度補償或乾脆放棄。

## 第五章　當你還停留在舊設定，再努力也難突破收入瓶頸

### ➡ 自我價值感不足，讓你「不敢開口」

許多人面對報價時，最大的障礙不是市場行情，而是心理的不安。例如：

- 怕對方覺得你貪心
- 擔心被拒絕後難堪
- 認為自己的專業還不夠資格收這個價碼
- 沒有他人肯定就無法相信自己的價值

這些想法構成一種「價格羞愧感」，讓你在該談價錢的時候轉移話題、模糊不清甚至主動降價。

而這些行為看似謙虛，實際上是一種「自我貶低」，它不只壓縮了你的收入潛力，也逐漸削弱你對自身價值的信心。

### ➡ 開口報價，是一場自我定位的心理測驗

每一次你開口報價的當下，都是在重新定義你自己的價值框架。你報得低，不代表你不專業，而是你不相信自己值得；你報得高，也許會被拒絕，但那是一種對自我定位的信任實驗。

這種自我定位的能力，會影響到的不只是收入，還包括：

- 你在職場中被如何對待
- 你的人際關係是否對等

## 第四節　自我價值感與開口報價的關聯

◆ 你是否習慣以討好方式換取安全感
◆ 你是否能掌握自己的時間與資源分配

心理學家卡蘿・杜維克（Carol Dweck）在其「成長心態」理論中提到，當個人相信自己的價值可以被提升與訓練時，會更願意冒險與挑戰高價位區間。而固定心態者則容易在遇到質疑時選擇退縮，回到「安全但低價」的區域。

## ➡ 三個練習，讓你更自在地談價錢

### 1. 自我肯定重塑語言

把「我不知道這樣會不會太多」改為「這是我認為合理且反映價值的價格」。語言改變，會影響自我認知與對方的接收態度。

### 2. 報價預演練習

在鏡子前或與信任的人練習開口說出你理想中的價格，並觀察自己的語氣、表情與內心反應。這能幫助你減少真實情境時的緊張與躊躇。

### 3. 價格與價值對話表格

列出你提供的服務／商品／工作內容，對應其價值（節省多少時間？解決什麼問題？創造多少效益？），讓你用事實強化「我值得這個價格」的信念。

## 第五章　當你還停留在舊設定，再努力也難突破收入瓶頸

　　這些練習的目的不是為了讓你變得強勢，而是幫助你從「價格恐懼」轉向「價值自信」。當你相信自己的付出有價，你就不會急著解釋與打折，而是能安穩站在自己的專業與貢獻之上。

### ➡ 價格是外在的，
### 　　但定價的勇氣來自內在的價值肯定

　　許多創業者與自營工作者在初期最難突破的瓶頸，不是市場拓展，而是「開口要錢的羞愧」。這種羞愧感其實源自一種錯誤的文化訊息──談錢就等於現實、貪心、不夠有愛。

　　但實際上，金錢只是能量的交換。當你用心提供價值、解決問題、創造變化，你當然有權利要求一個合理的報酬。

　　真正成熟的金錢關係，不是無止盡討好、低價競爭，而是「我知道我值多少」，並有能力平靜地表達這份價值。

　　從今天起，試著練習：當你準備報價時，不是思考「對方會不會接受」，而是問自己：「這個價碼是否誠實地反映了我的付出、專業與成長？」

　　當你開始以這種方式對待自己，你不只在為工作定價，也在為你的信念與未來劃出清晰的價值界線。

# 第五節　你的財務版圖，受限於你允許的金額上限

### ➡ 財務規模不是外在限制，是內在設限

你可能以為自己目前的收入、存款與資產，是由行業、能力或時機決定的。但實際上，很多人的財務規模之所以停滯不前，不是因為資源不足，而是因為心理上有一個「金額上限設定」。

這個上限，就像你心中的一張無形財務地圖，它規劃出你覺得自己「應該」擁有的金額區間。當實際收入接近這個區間的上緣時，你會開始出現緊張、拖延、破壞性的花費、突然的慷慨、無意識的投資失誤，甚至莫名的健康出狀況。

這不是巧合，而是潛意識在拉你回到熟悉的「金錢舒適區」。

### ➡ 潛意識如何控制你的財務「疆界」？

蓋伊・漢德瑞克（Gay Hendricks）在《跳脫極限》（*The Big Leap*）一書中提出「上限問題」（Upper Limit Problem）的觀點，用以描述個體對成功與財富的隱形容許量。一旦超過這個心理閾值，我們就會透過自我破壞、衝突、失誤等方式把自己拉回舊的狀態。

在財務層面，這種現象非常明顯：

## 第五章　當你還停留在舊設定，再努力也難突破收入瓶頸

- ◆ 收入增加後，開始毫無節制地消費，存不下來
- ◆ 剛接到高薪專案，卻突然生病或鬧家庭衝突
- ◆ 儲蓄累積到一定數額後，突然做了高風險決策把錢花光

這些行為表面看來是「外在事故」，其實內在邏輯是一致的：你的心裡還沒準備好「承認你值得這麼多」，所以潛意識會創造理由，把你拉回「舊版本的自己」。

### ➡ 財務舒適區如何悄悄限制你？

每個人對「多少錢是剛好」都有一個心理標準，這個標準受以下因素影響：

- ◆ 你父母的收入與消費習慣
- ◆ 成長過程中你所處的經濟階層
- ◆ 你身邊朋友的財務狀況
- ◆ 你對「有錢人」的情感評價（是否負面）

當你超越這個標準時，心理就會啟動警報：「這樣的我，會不會太貪心？會不會讓人嫉妒？會不會失去某些人？」

你可能開始質疑自己是否值得這樣的生活，甚至刻意降低表現、錯過機會、選擇停滯，以避免「脫隊」或被討厭。

而這些行為都會讓你的財務版圖停留在某個固定範圍裡，無法自然擴展。

## 第五節　你的財務版圖，受限於你允許的金額上限

### ➡ 三步驟，突破金額上限的心理框架

#### 1. 列出你對「理想金額」的感受

寫下你覺得一年應該賺多少、存多少、投資多少，然後問自己：「這個數字是誰給我的？」、「我為什麼相信這就是我的範圍？」

#### 2. 辨識「超過上限後」的反應模式

回想你曾經突然收入變高、業績提升、財富成長時，你做了什麼行為？是否有某些「反向操作」的跡象？這些是你潛意識上限的線索。

#### 3. 創建新版本的財務藍圖

試著寫下一個超過目前心裡界線的金額（例如年收入三倍），然後列出如果真的達成，你願意怎麼使用它、分享它、管理它。讓你的大腦開始熟悉「我有這麼多資源也不會失控」的想像路徑。

這些練習不是要你立刻改變現實，而是慢慢把「允許自己擁有更多」這件事，從不可能變成可以被思考的選項。

### ➡ 財務成長，從「擴張允許」開始

很多人以為提升收入是技巧問題，但其實，突破的起點是信念更新。當你開始相信「我可以承接更大的數字」、「我不需要透過破壞來維持熟悉感」，你的行為就會開始往外擴張。

## 第五章　當你還停留在舊設定，再努力也難突破收入瓶頸

你會：

◆ 願意談更高的合作金額

◆ 能平靜地接住一次又一次的金錢流入

◆ 不再覺得賺多了會失去朋友、被討厭或失去自己

從今天開始，問問自己：「我心裡真正允許自己賺多少？」

然後再問：「如果超過這個數字，我會有什麼感覺？」

這兩個問題的答案，可能會比任何財務報表都更準確地指出──你財富擴張的天花板在哪裡。

## 第六節　如何擴大金錢接收力？從語言到行為全面升級

### ➡ 接不住金錢，不是收入問題，而是心理設定問題

許多人以為自己「還不夠有錢」是因為收入太低、機會太少、市場競爭太激烈。然而，實際上真正影響你財富流入的，不只是金錢本身，而是你是否「有能力接得住它」。

本書所稱「金錢接收力」(receiving capacity)，指你內在允許金錢進入、停留並為你所用的心理開放度（概念性用語）。這種能力是一種綜合狀態，與你的語言習慣、行為模式、自我價值認同與能量管理都有關。

## 第六節　如何擴大金錢接收力？從語言到行為全面升級

若你內心對金錢有矛盾、羞愧、不信任、抗拒的情緒，那麼即使機會來臨，你也可能無意識地推開金錢，或者無法持續吸引與保留資源。要真正擴大金錢接收力，必須從語言開始，延伸到思維與行動的整體升級。

### ➡ 第一階段：語言重塑，拆除潛意識的金錢防火牆

語言不只是表達工具，更是信念的外顯形式。你說出的每一句關於金錢的話，其實都在暴露你內心的金錢腳本。

你是否常說出以下這些句子？

- 「我真的不需要太多錢」
- 「我不會賺錢，真的不擅長處理財務」
- 「有錢人都很勢利，離我遠一點比較好」
- 「錢太多很麻煩，我還是簡單生活就好」

這些語句看似謙虛、務實，但其實是在告訴潛意識：「我不想接住更多金錢」。

語言創造現實。若你想擴大金錢的進入能力，請從以下語言替代練習開始：

- 「我正在學習優雅地接納每一份富足。」
- 「我值得被金錢支持，也能創造有價值的財富流動。」
- 「金錢讓我有更多空間去服務與貢獻，而非與人疏遠。」

## 第五章　當你還停留在舊設定，再努力也難突破收入瓶頸

把這些語言當作每日的「語言冥想」，不只是說給別人聽，更是說給自己與潛意識聽。長期使用新的語言模式，會重新編碼你對金錢的接納度。

### ➡ 第二階段：思維鍛鍊，打破「太多錢會出事」的迷思

許多人的金錢接收力停滯在某個數值，並不是因為賺不到，而是因為相信「太多錢會帶來風險、衝突、壓力、人際破裂」。

這種信念通常來自於童年經驗、原生家庭、社會觀察，例如：

◆ 家裡為了金錢常常吵架

◆ 看到某些親戚因財失和

◆ 媒體報導有錢人涉案、出事、身敗名裂

這些經驗會在潛意識裡形成「防禦型信念」，讓你相信「還是錢少一點比較安全」。

要打破這種思維，請試著進行「財富正向意象練習」：

◆ 想像一個你敬佩且富有的人，他如何使用金錢？是否活得自由、有價值、有信念？

◆ 建立你心中「值得學習的富人模型」，告訴自己：「我也可以像他一樣，用錢活出力量而非危機。」

第六節　如何擴大金錢接收力？從語言到行為全面升級

當你越能將金錢與正向形象連結，你的心理防火牆就會逐步瓦解。

## ➡ 第三階段：行為升級，讓你的生活容納更多豐盛

金錢不是只停留在帳戶，而是會反映在生活的各個面向。當你想提升接收力時，不妨從日常生活中進行以下三個行動練習：

### 1. 優雅接納練習

當別人稱讚你、給你禮物、介紹機會時，不要回絕、縮小或自我貶低，而是練習說：「謝謝，我收下。」這是一種能量接收的基本訓練。

### 2. 升級你的「收」之習慣

定期整理你的錢包、帳戶、付款系統、收據紀錄。讓金錢流動的系統更有條理與尊重，潛意識會感受到你對金錢的重視與承接準備。

### 3. 投資自己、不是犧牲自己

試著用「我值得」的心情選擇一樣能支持你成長的物品或服務（課程、書籍、環境升級等），讓金錢變成滋養你的工具，而非總是用來節省或應急。

這些行為不是炫耀或浪費，而是將「我願意讓金錢為我服務」的訊息清楚地傳送給自己與宇宙。

第五章　當你還停留在舊設定，再努力也難突破收入瓶頸

➡ 接收金錢，是一種內在修行的展現

擴大金錢接收力，並不等於貪婪、占有或無止盡的索取。真正的接收，是一種對自我價值的接納、對宇宙資源的信任，以及對自身成長能力的祝福。

當你開始重塑語言、更新思維、調整行為，你就會逐步感受到 —— 金錢不再難以靠近，而是開始主動流向你。

你不再只是追逐，而是成為磁場。

從今天起，請記得：

「我允許自己擁有更多，不是因為我貪心，而是因為我有能力創造更多價值，也願意承接更多可能。」

這句話，就是你進入下一階段財富人生的開場白。

## 第七節　財富是內在授權，不是外部批准

➡ 你不是靠別人「給你機會」變有錢，
　而是靠自己「允許自己變得富有」

許多人對財富的期待，仍停留在外部給予的模式：老闆幫我加薪、客戶找上門、投資運氣好、遇到貴人提拔。這種想法其實隱含一種信念：「我要有錢，前提是有人讓我有錢。」

## 第七節　財富是內在授權，不是外部批准

這是財富信念中最危險也最普遍的錯誤觀念。

真正的財富，不是等別人批准你可以擁有，而是你內在「允許自己去創造、去承接、去展現」這份資源與價值。換句話說，你不是因為別人給你一個位置才變得富有，而是你先相信自己「可以是那個位置上的人」，外界才會開始回應你。

這種內在授權的力量，是所有成功者真正的起點。

### ➡ 什麼是「內在授權」？

內在授權（inner permission）指的是個體在心理層面上對自身能力、價值與財富的肯定與允許。它不是自負，也不是妄想，而是一種深層的信任 —— 相信「我可以、我值得、我準備好了」。

動機研究（如自我決定理論）指出，將行動主導權握在自己手上，有助於持續性的投入與表現。內在授權就是一種主導權的宣告：

◆ 我不再等別人說我可以
◆ 我不再等「時機成熟」
◆ 我不再等「市場需求出現」
◆ 我決定，現在就可以開始

這種態度會讓你進入一種「由內而外推動自己」的狀態，你的行為就會產生連鎖反應，影響他人對你的認可、合作機會、資源流動與財務成果。

## 第五章　當你還停留在舊設定，再努力也難突破收入瓶頸

### ➡ 外部批准如何慢慢限制你？

如果你長期仰賴外部批准來定義你的價值與收入，你會出現以下幾種現象：

- ◆ 害怕主動開創，總在等別人安排與確認
- ◆ 接到報價請求時問：「你覺得我應該收多少？」
- ◆ 開始新的事業或轉職時總是覺得「我還沒準備好」
- ◆ 對有能力賺更多這件事感到焦慮，因為沒人肯定你「可以」

這些現象都顯示你把財富的主控權交給了別人。

真正的財務自由不是帳戶餘額的問題，而是你是否能夠自己說出：「我選擇成為一個有價值、能被高價交易的人」。當你從「需要被證明」的心態，轉為「我已經準備好承接」的信念，整個財務版圖才會開始打開。

### ➡ 三種方式，幫你回到內在授權的狀態

#### 1. 每日「我說了算」書寫練習

每天花五分鐘寫下三件你今天自主決定的事，哪怕只是「我選擇不加班」、「我決定這個案子報價多少」。這個過程會強化你的內在權威感。

## 第七節　財富是內在授權，不是外部批准

### 2. 停止問別人：「你覺得我可以嗎？」

將這句話轉換為「我怎麼做才能更相信我自己？」或「我覺得我準備好什麼了？」讓你的焦點從外部批準轉向內部確認。

### 3. 設立「自我授權行動計畫」

列出一件你一直想做但因為「還沒被允許」而遲遲不行動的事，例如報價升級、提出合作、開設課程，設定日期、行動方案，並在當天告訴自己：「今天我批准我自己。」

這些練習不是鼓勵你脫離現實，而是幫你找回你原本就有的選擇權。你不需要等別人幫你開門，你可以自己開一扇窗。

### ➡ 財富不是別人給的，是你自己決定打開門讓它進來

很多人有一筆機會、一個點子、一段經歷，卻遲遲不敢出發，因為他們心裡覺得：「如果真的這麼做，會不會太狂妄？」這正是缺乏內在授權的特徵。

你不需要再等任何人點頭、保證、認可或認證。真正的財富創造者，都是那些願意對自己說「可以了」的人。

內在授權的起點不在於你的銀行帳戶，而在於你能不能對自己下第一道命令：「去做吧。」

從今天起，寫下這句話貼在你的電腦、手機、錢包、白板：

「我不再等別人說可以，我說了，就可以。」

## 第五章　當你還停留在舊設定，再努力也難突破收入瓶頸

那一刻，你就不是在等待，而是在創造。

那一刻，你就是你財富的根源。

# 第六章
# 賺不到錢？
# 你可能用錯了努力方向

# 第六章　賺不到錢？你可能用錯了努力方向

## 第一節　賺錢不是努力換來的，而是價值交換的結果

### ➡ 錢不是「報酬」，是「回報」：別再以為努力就等於值錢

許多人從小被灌輸「努力就會有收穫」的觀念，這種觀念根植於儒家文化對勤奮的推崇，以及教育體制對升學主義的強化。在考試中只要認真念書、死背內容，往往能換來好成績，這讓我們誤以為，人生只要足夠努力，一定會「應得」該有的報酬。但走進職場或自由接案世界後，你會發現，真實世界的規則並非這樣運作。

錢不是一種「給你的鼓勵」，也不是對你的努力做出的獎賞。錢是別人對你所創造價值的交換結果。當你認真工作卻沒有賺到錢，並不表示你不夠認真，而是市場無感。比起努力，市場更在意的是你「是否能解決別人的問題」或「創造他人願意支付的結果」。

這正是哈佛商學院教授克雷頓·克里斯汀生（Clayton Christensen）在其著作《創新的解答》（The Innovator's Solution）中所提到的「待完成的工作」（Jobs to be Done）。人們不是在買你的產品或服務，而是在「僱用」你的產品來完成某件事。如果你創

第一節　賺錢不是努力換來的，而是價值交換的結果

造的東西無法完成任務，那麼即便你耗費再多心力，也不具備交換價值。這並非冷酷，而是現實經濟的基本規則。

## ➡ 你是在賣時間，還是創造影響？辨識錯誤的努力方式

讓我們舉一個日常案例：一位健身教練 A，每週排滿十堂課，一堂課收費 800 元，月收入雖然穩定，但長期下來身心俱疲，甚至開始懷疑人生。而另一位健身教練 B，只開兩堂客製化高價課程，卻能以一堂 5,000 元的價格成交，還在網路上販售自創的線上訓練課程包，每月被動收入兩萬以上。兩人都很努力，但收入差距懸殊。

關鍵不在於誰比較認真，而在於誰懂得「把努力轉成可交換的價值」。教練 A 在賣時間，教練 B 在賣轉變結果。當我們只將自己定位為時間販售者，就自動受限於「一天 24 小時」的邊界；但若我們開始打造能產生影響、可複製擴散的價值系統，便有機會進入「非線性成長」的收入模式。

從心理學角度來看，這是一種從「成就信念」轉換為「價值意識」的過程。根據心理學家卡蘿・杜維克（Carol Dweck）提出的成長型思維（Growth Mindset），人能否打破收入天花板，取決於他是否願意重新定義自己的努力方式。那些只會「做更多」的人，其實陷入了效率陷阱；而懂得「想得更深、設計得更好」的人，才有機會讓價值放大。

第六章　賺不到錢？你可能用錯了努力方向

### ➡ 從打字員到 UX 顧問，翻轉人生的價值設計力

語蓉（化名）是一位北部科技業出身的女性，畢業後進入一間 B2B 公司擔任文書助理，每天負責大量的會議記錄、資料彙整與格式排版。她自認工作努力，從不遲到早退，還常常主動加班，但三年過去，薪資只從 32,000 元漲到 35,000 元。她一度懷疑自己是不是不夠優秀，甚至質疑努力的意義。

直到某次因工作需要，她自學簡報設計與資料視覺化，開始能將主管的報告變得更有說服力。後來她轉為學習 UX 設計，主動提出用戶訪談流程與改善建議，幫公司某項產品的使用率提升了 40％。老闆注意到她的貢獻後，將她調升為設計部門特助，薪資翻倍不說，還推薦她參加外部顧問專案。

今天，語蓉已是自由 UX 顧問，在臺灣與新加坡多個新創案子中參與用戶研究與界面設計，年收入超過百萬。她說：「我不是變得更努力，是我開始做『有影響力的努力』，讓別人願意花錢來換我的成果。」

這個故事並非個案。從事翻譯、接案設計、教育訓練、社群經營的人，當他們不再只靠時間定價，而是學會以成果導向、價值導向重新包裝自己，收入便有質的飛躍。

## 第一節　賺錢不是努力換來的,而是價值交換的結果

### ➡ 所謂努力,應該放在「讓人想付錢」的地方

不是所有努力都值得鼓勵。心理學家馬汀・塞利格曼(Martin Seligman)在其研究「習得性無助」(learned helplessness)中指出,當個人持續付出但無法換來對應回報時,容易產生自我懷疑、憂鬱與放棄。若你的努力一直沒有對應的價值認同,那麼你的心理彈性就會不斷被削弱。

因此,真正聰明的做法是把努力花在「提升可被交換的價值」上。這包含三個方向:

◆ 建立解決問題的能力:是否能幫別人省時間、省錢、減痛苦?
◆ 創造可被量化的成果:有數據、有案例、有見證。
◆ 設計可擴散的價值模式:例如線上課程、產品化服務、知識訂閱。

以此為基礎,每一份努力都會產出「可被記錄、可被衡量、可被交易」的價值資產,而這些正是你與財富交換的籌碼。

### ➡ 讓你的努力,有被交換的資格

在這個資訊透明、競爭激烈的時代,光靠苦幹已難以脫穎而出。我們要的是「巧幹」:讓你的努力被看見、被需要、被想要,才能轉化為現金流與長期價值。努力,不該只是情緒安

### 第六章　賺不到錢？你可能用錯了努力方向

慰，而應是精準投入到價值創造的戰場上。

你可以每天工作十二小時，卻仍覺得生活困頓；也可以每天工作六小時，但產出對別人極具價值的成果，讓他們樂意掏錢相報。問題從來不在於你夠不夠拚，而在於你努力的方向，是否對準了「別人願意交換的價值核心」。

從今天起，不要再問「我夠不夠努力」，而要問「我的努力，值多少錢？」然後讓答案，不再只是靠加班或埋頭苦幹決定，而是用市場的眼睛來衡量。

## 第二節　收入模式盤點：
## 　　　你靠時間、技能還是槓桿？

### ➡ 你是哪一種收入邏輯？三種常見模式解析

在這個快速變動的經濟環境中，收入結構也越來越多樣化。與其一味追求加薪，不如先盤點自己目前的收入邏輯：你是靠時間、技能，還是槓桿在賺錢？這三種模式決定了你財務的成長速度與天花板，也決定了你是否可能脫離「賺得多卻存不下」的循環。

第一種是「時間型收入」，也就是最常見的薪資結構。你花多少小時，就賺多少錢。例如月薪制上班族、臨時工、計時打

## 第二節　收入模式盤點：你靠時間、技能還是槓桿？

工、鐘點老師，甚至部分醫療、服務業者，也都屬於這一型。這種模式的問題是：收入與時間高度綁定，一旦你不工作，現金流就會中斷，無法實現真正的財務自由。

　　第二種是「技能型收入」，常見於自由工作者或專業人士，例如設計師、程式開發者、顧問、講師等。這類人透過提升專業能力提高單位報酬，讓「每小時的價值」增加。相較於時間型收入，技能型收入確實更有成長空間，卻仍受限於「可交付的工作時數」。如果沒有將技能模組化、產品化，你還是會陷入過勞與接案壓力的惡性循環。

　　第三種，是最值得追求的「槓桿型收入」。這代表你不再靠「一對一」的方式賺錢，而是能透過平臺、產品、版權、授權、廣告、分潤等形式，讓價值被多次放大、多次販售，進而創造「一次創作、多次變現」的現金流。舉例來說，YouTuber一次拍攝影片，就能持續獲得點擊分潤；開發者上架的App，可在睡覺時持續被下載；甚至是一份精心設計的線上課程，能無限複製、無限販售，成為被動收入的起點。

## ➡ 斜槓牙醫如何打破單一收入依賴

　　牙醫師柏諺（化名）本來每天固定看診，月收入穩定但高度依賴個人身體勞動。他意識到這種「只要停工就沒錢」的結構極度危險，便開始發展自己的第二收入來源。他先從牙科相關的部落格經營開始，分享口腔知識與醫病溝通技巧，吸引大量醫

## 第六章　賺不到錢？你可能用錯了努力方向

學生與準備國考者閱讀。

後來，他將這些知識整理成線上教材，結合臨床範例與模擬問答，開設牙醫國考線上課程。這份課程讓他即使不再看診，仍能穩定獲利。他更進一步開設實體講座、開書會、與牙科器材公司合作拍攝宣傳影片。最終，他的收入結構從「一個收入來源」變成「四條收入管道」，其中只有一條是靠時間勞動，其餘三條都具有槓桿效應。

柏諺說：「我不再只想著每天看幾個病人，而是思考：我的專業知識，能不能用其他方式幫更多人？」這樣的轉念，不僅讓他擁有更高的收入彈性，也讓他的生活品質與自由度大幅提升。

### ➡ 槓桿不是偷懶，而是讓努力乘以十倍

有些人誤以為「槓桿收入」就是不勞而獲，實際上，槓桿型收入的建立反而需要高度的前期投入與策略性設計。心理學家米哈伊・契克森米哈伊（Mihaly Csikszentmihalyi）曾在研究中指出，最有創造力的工作狀態來自於「心流經驗」，而心流的前提是目標清晰、挑戰性適中且能持續成長。槓桿型工作便容易創造這樣的環境，因為它強調系統設計、長期價值與個人優勢的整合。

打造一個自動化銷售流程、錄製一系列可被重複播放的教學影片、設計一套可被他人執行的服務流程，這些看似「不用再

做」的行動，其實是早期投入的結晶。你不是少做了什麼，而是把重複性的工作外包給系統，把價值的交付轉由機制進行。

## ➡ 自我檢查：你目前的收入模式結構

要突破收入瓶頸，第一步不是努力更多，而是看清你目前所處的收入結構。以下幾個問題，可以幫助你盤點自己的現況：

◆ 你現在的收入，有多少比例是靠你親自投入時間才得來的？
◆ 你是否有任何一項技能，可以轉化成產品或課程？
◆ 你是否有任何一項知識，可以透過平臺放大？
◆ 你目前的專業，是否可能發展出「非勞動型」的延伸產品？

透過這些問題，我們能開始為自己建構一張「收入類型圖」，將現有收入依時間、技能、槓桿三軸標記，視覺化地找出需要調整的點。

## ➡ 結構性的貧窮，不能靠勤勞解決

收入結構錯了，再多的努力都只是在跑步機上揮汗。唯有改變思維，把注意力從「賺多少」轉向「怎麼賺」，我們才能真正擁有時間自由、收入彈性與生活主導權。從時間型轉向技能型，再從技能型跨入槓桿型，是每一位財務進化者都該歷經的轉型歷程。

## 第三節 「一人創收」時代的心理彈性力訓練

### ➡ 不是沒有機會,是你撐不過變化:
### 　　心理彈性才是生存底氣

在這個職場去中心化、收入型態碎片化的時代,「一人創收」已不再只是自由工作者或斜槓青年的選項,而是越來越多人的必經路徑。你可能是專職創作者,也可能是一邊上班一邊經營副業的斜槓族,甚至是在公司裡自己拉案子、負責營收的業務專員。無論你屬於哪一類,「心理彈性」都是你能不能長期穩定輸出的核心條件。

作家與演說家賽門・西奈克(Simon Sinek)主張:在不確定性成為常態的環境中,韌性是關鍵競爭力。該主張精準點出現代工作者面對的最大風險:不是不夠聰明,也不是不夠努力,而是在遭遇市場波動、收入不穩或客戶流失時,無法快速調適、持續產出。心理彈性,正是面對這些壓力源的調節能力,是你在逆境中仍能保持創造力與行動力的心理肌肉。

### ➡ 建立「創收彈性」的五大思維模型

心理彈性不是天生的,而是一種可以訓練的心理肌群。在一人創收的模式下,有五種核心思維特別關鍵:

## 第三節 「一人創收」時代的心理彈性力訓練

### 1. 無常接受力

理解「計畫趕不上變化」是創業常態,而不是錯誤。當你接受市場與客戶變動是理所當然,焦慮就不再是阻礙。

### 2. 自我效能感

這是班度拉（Albert Bandura）所提出的概念,意指個體對自己能完成特定任務的信心。越高的自我效能感,越能主動尋找解方,而非被問題擊垮。

### 3. 可預期性重建

創收雖然自由,但缺乏穩定。可透過設計流程、儀式化工作、建立固定週期來重建某種節奏感。

### 4. 認知柔軟度

市場變化快,僵化思維是創收障礙。學會「觀念更新」,例如：從一次性賣東西→建立回購與訂閱；從單向行銷→社群互動經營。

### 5. 內在動機導向

研究顯示,當個體的動機來自內部（如成就感、影響力）,而非外部（如錢、名）,更能承受長期不確定。

## 第六章　賺不到錢？你可能用錯了努力方向

### ➡ 當你就是老闆，你就不能情緒掛帥

在傳統職場裡，你可以生氣、沮喪、放假、請病假，因為公司會幫你吸收風險與損失。但一人創收時代，所有風險都由自己承擔。你今天沒有穩定產出，就沒有收入；你今天沒有談案子，就沒人找你。

這代表你的情緒管理能力，不再只是個人修養，而是營運績效的一部分。心理彈性強的人，可以做到「情緒歸情緒，行動照行動」，這也是為什麼許多創業者都有某種程度的情緒切割能力。他們不是沒感覺，而是能將情緒轉化為可執行的行動。這種能力，不是冷血，而是一種高度成熟的心理運作策略。

### ➡ 自我回復機制與環境再造

當我們長期處在無法預測與高度競爭的環境中，心理耗損與注意力疲乏幾乎無可避免。因此，一人創收者更需要發展出「內建的修復力」。這包含兩個層面：其一，是認知上的自我安撫語言，例如提醒自己「這是過程，不是結果」、「波動是必經，不是錯誤」；其二，是行為上的節奏管理，例如為高壓專案配置復原期，或安排固定無任務時段。

此外，環境也會強化或削弱你的心理彈性。太過雜亂或缺乏界線的工作環境，容易讓人精神渙散、焦慮無以為繼。設計一個支持自己穩定輸出的工作空間與作息模式，才能讓你的心

理肌力有生長的條件。你不需要像企業那樣有制度與分工,但你一定要擁有屬於自己的規律與儀式。

### ➡ 不是市場讓你撐不下去,
### 是你心理的彈性還不夠強

在創收的道路上,你會遇到拒絕、冷場、波動、懷疑,這些都正常。但如果你因此陷入自我否定、失去節奏、停止行動,那你就不是輸在能力,而是輸在心理抗壓指數。心理彈性,是一人創收最被低估的資產。當你夠柔軟、夠穩定、夠內在驅動,你才能在不確定中站穩腳步,在變動中找回主導權。

## 第四節　創造微收入的五種心理啟動策略

### ➡ 微收入不是零用錢,而是可擴張的現金觸角

「微收入」這個詞,往往被誤解為小錢、閒錢、不穩定的收入形式。但若從財務架構與心理策略來看,微收入更像是一種低風險、高彈性、具備延展性的小型現金流。它不需要你辭職創業,也不要求一次投入大量資源,而是透過持續的小規模創造與交換,建立一種可被複製的價值系統。

尤其在收入不穩、經濟不確定的時代,微收入不只是補充性財

## 第六章　賺不到錢？你可能用錯了努力方向

源，更是一種財務上的安全邊界。它讓你有緩衝、有選擇、有談判空間。建立微收入，不只是理財行為，更是一種心理穩定策略。

### ➡ 啟動微收入的五種心理槓桿

創造微收入不是技術問題，而是心理結構的重整。以下五種心理槓桿，是你開啟微型現金流的基礎：

### 1.「先行者心態」：從沒有人給你機會，到自己創造機會

等待別人給你案子、給你平臺、給你曝光，是最慢的路。啟動微收入的第一步，是接受你現在的資源有限，但你可以自己創造。你可以先寫出第一篇部落格、錄第一集 Podcast、販售第一個小作品。不需要完美，只需要開始。這種先行心態，是由「等人點頭」轉向「自我授權」的心理進化。

### 2.「微冒險精神」：從求穩到願意試錯

微收入不會一開始就成功，反覆測試、調整、修正是常態。要有心理準備：你會遇到冷場、無人購買、被質疑。但這不等於失敗，而是成長的循環。願意冒小風險的人，才有機會啟動新機會。這種信念在心理學中稱為「容錯彈性」，是高韌性個體的共通特質。

### 3.「原型心態」：不是做商品，是測試反應

許多人在啟動微收入時容易陷入「我還沒準備好」的迷思，總想等作品、設計、網站完美才上線。但真正重要的是反應而

不是產品本身。原型思維（prototype thinking）讓你在最低門檻下測試市場回饋，不僅降低失敗壓力，也減少自我否定。先有雛型，再做調整，是創造者最務實的起點。

### 4.「價值交付自信」：敢報價，才有成交

很多人具備專業、內容、作品，卻遲遲沒有收入，是因為「不敢開口」。這不只是技術問題，而是心理上的「價值懷疑」：我這樣真的值得收錢嗎？要啟動微收入，必須先建立「我的價值值得被交換」的自我認知。這不是自大，而是基本交易認知。當你能自信地報價、設定價格、開放預約，你才真正踏進微收入的起點。

### 5.「可複製結構觀」：不要每次都重來，要可規模化

微收入不是一次性販售，而是系統性的重複。若你每次都要重新設計流程、內容、通路，就會被小錢消耗光精力。啟動微收入，必須思考：「這個模式能不能被複製？能不能被簡化？能不能在我不在場時自動發生？」這是一種結構設計能力，也是一種對未來精力分配的高度掌控感。

## ➡ 微不是弱，而是靈活

許多人輕忽微收入，是因為它看起來太小、不夠體面、無法成為主業。但正因如此，它也更自由、更彈性、更容易行動。微收入的強大，不在金額，而在於它代表了「你有其他選擇」。

### 第六章　賺不到錢？你可能用錯了努力方向

當你不是只靠一份薪水撐全局，你的心理會更穩、判斷更準、談判時也更有底氣。

行為經濟學家理查·泰勒（Richard Thaler）的研究指出，擁有可行的選擇能提升自主感；同時也需留意「選擇過多」可能帶來的決策負擔。微收入正是建立這種選擇權的具體路徑。它不是邊角餘料，而是你心理穩定的策略性工程。

➡ **真正的自由，是你有多個可以被啟動的收入開關**

當生活只靠一條現金流維繫，你會對變化感到恐懼，對談判沒有底氣，對未來充滿焦慮。而當你擁有多個收入開關，即使金額不大，也足以撐起行動的彈性與心理的安全。建立微收入，不是為了發大財，而是為了擁有更多「我可以」的心理籌碼。

## 第五節　克服「開價焦慮」的報價對話設計

➡ **錢不是問題，問題是你敢不敢說出來**

當談到「開價」，許多人內心會浮現不安與恐懼：怕對方覺得太貴、怕被拒絕、怕自己不值這個價。這種「開價焦慮」其實不只是溝通技巧的問題，更深層的是一種價值感的動搖與心理不確定感。要設計有效的報價對話，首要解決的其實是心理定位。

## 第五節　克服「開價焦慮」的報價對話設計

臨床心理治療師蘇珊・佛沃（Susan Forward）指出，自我價值低落的人，經常會在金錢議題上表現出迴避、讓步與內疚的情緒模式。這說明了為何許多人在談到價格時會語氣不穩、模糊帶過，甚至主動打折。他們不是不懂報價，而是不相信自己值得報價。

### ➡ 報價不是請求，是協商的起點

要克服開價焦慮，第一步是轉換對報價的認知：報價不是請求對方給你錢，而是雙方針對價值進行的公平交換提案。這並非一種卑微的提問，而是職業身分的展現。當你能站穩立場、以中性語氣陳述價值與價格時，你就從「求給予」者變成「提供方案」者，角色心理瞬間不同。

實際上，報價對話的心理障礙來自三個常見陷阱：

◆ 價格即身價錯覺：將對方對價格的反應誤認為對自己的價值評斷。
◆ 害怕被否定焦慮：將價格談不成等同於人際關係破裂。
◆ 無預備方案焦慮：沒有設計不同層級與範圍的合作選項，導致報價失敗即感崩盤。

釐清這三者之後，你會發現，報價其實只是對方是否準備好與你交換價值的測試點，而非對你價值本身的否定。

第六章　賺不到錢？你可能用錯了努力方向

### ➡ 有效報價對話的三層結構

一段成熟的報價對話，應包含三個心理層次：定位、共識與選項。

#### 1. 定位

先明確說出自己的角色、專長與能帶來的效益，例如：「我協助客戶簡化繁瑣流程，平均能為專案減少 30% 溝通成本。」這一步是為了讓對方先從「價格」切換到「價值」思考。

#### 2. 共識

接著詢問對方的需求與期望，建立合作的共同目標。可使用反問句引導：「所以您這邊最在意的成果是轉換率嗎？」這樣能讓報價進入「解決問題」的框架，而非「單向收費」的結構。

#### 3. 選項

最後提供不只一種價格方案，例如基礎版、進階版與顧問式協作。這種「分級設計」能降低對方的決策壓力，也讓你擁有更多談判空間。

### ➡ 報價練習，是職業成熟的重要訓練

開價不只是技術，是一種心理成熟的象徵。能否自信開價，往往反映你對自己價值的確認程度，也測試你在關係中是否能平衡自我與他人。心理韌性強的人，懂得用清晰的語言表達界

線,不怕被拒絕,也不會急於討好。他們知道:「拒絕價格,不等於拒絕人。」

設計報價對話時,可以從「對方怕什麼?你能解決什麼?你怎麼說服他?」這三個核心問題出發。並設計三套以上的開價話術模板,讓自己在面對不同對象時能快速切換。

### ➡ 能說出口的價值,才是真正存在的價值

當你不敢開口報價,你其實是在否定自己的存在感與貢獻力。能否好好談錢,是一個人職業心理素養的檢驗點。不是價格太高讓對方卻步,而是你的語氣、姿態與信念不夠穩定。從今天開始,練習把你的價值說出來,不討好、不逃避、不模糊。因為你不只是來賺錢的,你是來讓對方相信「你值這個價」。

## 第六節　構築你的價值交換流程圖

### ➡ 賺錢不是衝動,而是流程的產物

多數人將賺錢視為結果,卻忽略它其實是一種可設計、可預測、可優化的流程。價值交換不是單點事件,而是一連串動作與心理節點的組合。當你無法穩定賺錢,問題通常不在能力不足,而是在你的價值交換流程中出現斷點。唯有將這套流程明確化、視覺化,你才能清楚知道錢卡在哪裡、力氣花在哪

## 第六章　賺不到錢？你可能用錯了努力方向

裡、轉換差在哪裡。

心理學家卡爾・羅傑斯（Carl Rogers）指出：「清楚覺察自己的行動過程，是轉變的第一步。」構築價值交換流程圖，正是將模糊的心理與行動鏈條具象化，幫助你釐清收入路徑。

### ➡ 價值交換流程的五大階段

一套完整的價值交換流程，通常涵蓋以下五個階段，每一階段都對應特定的心理目標與行動策略：

#### 1. 價值感知（Awareness）

讓對方「看到你在做什麼」。這不只是曝光，而是讓他人能具體理解你提供的價值核心。行動例：建立作品集、經營內容平臺、明確自我定位敘述。

#### 2. 信任建立（Trust Building）

讓對方「相信你值得合作」。這需要時間與一致性，包含內容品質、互動模式、回應速度等。心理層面上是減少「不確定感」的操作。

#### 3. 需求連結（Relevance Framing）

讓對方「感覺你適合他」。這不只是介紹功能，而是用對方語言對接其需求。行動例：設計痛點導向的對話引導、客製化方案敘述、類比式解釋法。

## 4. 價值對價（Offer Exchange）

進入報價與協商階段。這不僅是定價，而是價值對應心理價格的測試場。需配合前述報價對話設計的結構，將價格放在「解決問題」脈絡中提出。

## 5. 結果交付（Delivery & Review）

你提供的服務或產品落地，對方驗收滿意度。這不只是完成任務，更是下一輪價值交換的鋪墊，必須包含回饋機制與關係延續設計。

## ➡ 如何視覺化你的交換系統

一個好用的工具是「價值交換流程圖」：用流程圖方式將上述五個階段具象化，並標注每一節點的內容、工具、語句、心理關鍵。例如在「價值感知」階段標出你常用的平臺與內容類型；在「需求連結」階段標出常見客戶痛點與對應話術；在「結果交付」階段標記回饋問卷或評價系統。

這張圖的重點不是華麗，而是幫你：

◆ 看出哪一段最容易卡住轉換率
◆ 知道每個階段該加強哪一項資源
◆ 有明確優化指標與心理節奏對應

心理學研究指出，視覺化的流程會提升行動清晰度與心理

第六章　賺不到錢？你可能用錯了努力方向

預期感，這能有效降低不確定焦慮與延遲行為，提升「我做得到」的自我效能感。

## ➡ 建立屬於你自己的交換語系

除了流程設計外，「語言模組」也是價值交換的關鍵。每一階段都該搭配對應的心理語言，例如：

- ◆ 價值感知：我在幫助誰，解決什麼？
- ◆ 信任建立：我有哪些過往案例與回饋？
- ◆ 需求連結：我理解你的困難是什麼？
- ◆ 價值對價：這個方案為什麼值得這個價格？
- ◆ 結果交付：你希望得到什麼具體結果？

當你為這些語言做出事先準備，你就能在實際對話中自然而流暢地完成一場有節奏、有邏輯、有溫度的價值交換。這套語系，就是你的「溝通資產」。

## ➡ 你沒賺到錢，是因為你沒有一張自己的交換地圖

創作者、接案者、自雇者常犯的錯誤是：只管做，不管換；只管交付，不管設計流程。結果就會落入「努力很大，交換效率很低」的困境。構築一套清晰的價值交換流程圖，能幫你看清自己的優勢與弱點，找出轉換的關鍵節點，並且建立重複可行的獲利路線圖。你不是賺不到錢，而是還沒把價值的路徑畫出來。

# 第七節　不靠爆紅，
　　　　也能擁有持續現金流的心理架構

## ➡ 現金流穩定的關鍵，不是流量，而是結構

在網路時代，「爆紅」經常被視為快速變現的捷徑。從短影音、社群貼文到平臺話題，只要被大量轉傳，似乎就能帶來巨量訂單與關注。但這種現象級成功模式，不僅難以預測，更無法持續仰賴。與其投注心力追求一次性的高峰，不如設計一套可穩定複製的現金流結構。這不只是經營策略，更是心理架構的重整。

心理學家貝瑞・史瓦茲（Barry Schwartz）在《選擇的弔詭》中提到：「過度追求最佳結果，會讓人忽略穩定與可持續的重要性。」換言之，真正的安心感，不是來自一夜爆量的現象，而是來自日積月累可預期的交換關係。穩定現金流的關鍵，不在話題性，而在於系統性。

## ➡ 穩定現金流的五種心理設計原則

要脫離「一陣風式」收入模式，我們需要從心理層面設計出可持續的收入結構，以下五種原則值得落實：

## 第六章　賺不到錢？你可能用錯了努力方向

### 1. 節奏優先，而非密度

與其週週出新內容，不如固定頻率、長期累積。固定的輸出節奏能建立信任與期待，也能降低心理疲乏與倦怠風險。

### 2. 信任為本，而非話題為主

吸引來的目光如果無法建立信任，轉換率將極低。穩定現金流來自重複購買與口碑延伸，而這些來自可預期與一致的價值體驗。

### 3. 設計可續訂的價值模組

將價值轉為訂閱制、續約機制、長期顧問制，比單次交易更能帶來現金穩定性。這也對應心理學中「熟悉效應」原則：人們傾向重複選擇熟悉對象。

### 4. 微升級策略

提供階梯式產品組合，從免費內容、小額商品、進階課程到深度合作，每一階段都有下一步誘因。這能提升客戶生命週期價值，也讓你心理上不須總是追求新客戶。

### 5. 內部激勵機制

在無外部掌聲時也能維持動能，代表你需要有內部激勵結構，例如 KPI 週檢、轉換率追蹤、行動反思筆記。這讓你不依賴讚數與分享量來維持信心。

## 第七節　不靠爆紅，也能擁有持續現金流的心理架構

### ➡ 拒絕焦慮循環的心理結構重建

爆紅經濟的副作用之一，是讓創作者與接案者陷入「高峰焦慮」。當曾經被轉發、熱賣、被標記的經驗變成標準後，日常表現便顯得黯淡無光。這導致一種心理上的追趕感，認為「平凡」等於「失敗」。

要擺脫這種錯誤等式，必須重建兩個心理節點：一是「價值不等於聲量」，你的內容即使只有少數人看到，只要能帶來轉換，就具備價值；二是「穩定是一種能力」，願意長期投入、反覆優化、耐得住寂寞，才是建立長期收入的底層實力。

當你能接受「慢慢來也沒關係，只要一直在走」，你就不會再被爆紅焦慮追著跑，而能回到以「可預期、可複製、可累積」為導向的價值節奏中。

### ➡ 從追求被看見，到建立可被信任的價值軌道

你不需要被所有人看見，只需要被對的人反覆看見。這種轉換看似簡單，卻需要從心理上完成幾項重組：

◆ 從吸睛導向→解決問題導向

◆ 從一次交易→長期關係建構

◆ 從依賴平臺演算法→建立自己的資料與名單池

◆ 從追求觸及率→追求轉換率與留存率

## 第六章　賺不到錢？你可能用錯了努力方向

穩定現金流的本質，是關係管理與價值遞送系統化。這不是流量經營，而是信任工程。當你能為他人創造長期穩定的價值，對方也會以穩定的支付回應你。

### ➡ 不靠爆紅，
### 　　也能每月進帳，是心理節奏的設計力

你不必當網紅，也能每月有穩定收入；你不必靠運氣，也能長期有現金流。關鍵不在表現有多亮眼，而在你是否打造了一套「價值遞送 × 節奏管理 × 心理穩定」的內部系統。當你不再被流量起伏綁架，開始信任自己的步伐與累積節奏，錢就會在不知不覺中，穩定流入你所設計的每一道通路。

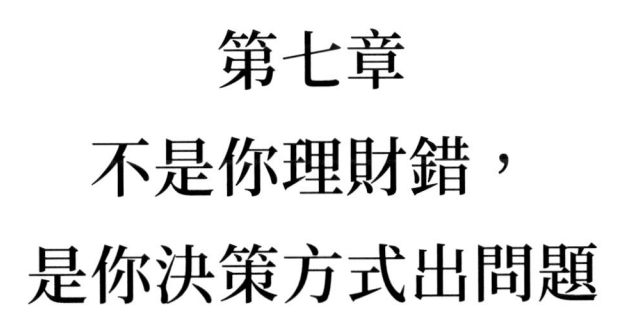

# 第七章
# 不是你理財錯,
# 是你決策方式出問題

## 第七章　不是你理財錯，是你決策方式出問題

# 第一節　你以為你在做決策，其實你在回應情緒

### ➡ 情緒不是干擾，而是決策的一部分

在現代財務管理中，我們常以為自己能做出理性決策，尤其是在理財相關的選擇上。但從心理學觀點來看，人類根本無法將情緒從決策中排除。神經科學家安東尼奧・達馬西奧（Antonio Damasio）提出的「軀體標記假說」（Somatic Marker Hypothesis）指出，情緒不是附帶反應，而是決策機制的核心線索。這意味著，我們以為自己是在分析利弊，實際上是在回應潛意識的情緒訊號。舉例來說，當你選擇不投資，是因為你不想冒險，還是因為你內心其實在逃避過去失敗的陰影？這些問題，往往比表面上的風險評估更關鍵。

### ➡ 恐懼驅動下的非理性選擇

恐懼是情緒中最常主導決策的因素之一。許多財務行為，如不敢報價、不敢轉職、不敢進場投資，其實都是恐懼驅動下的反射行為。我們害怕失敗、害怕被批評、害怕選錯。這些恐懼不一定是顯性的，很多時候它是偽裝成「現在時機不對」、「我還不夠準備好」的理性說詞。從心理層面來看，這些行為代表的是一種自我保護，而非真正的風險管理。當我們不敢行動，不

## 第一節　你以為你在做決策，其實你在回應情緒

是因為資訊不夠，而是因為心裡沒有安全感。若不釐清情緒來源，所有策略都只會在原地打轉。

### ➡ 情緒記憶如何主導財務行為

人類的記憶並非中性紀錄，而是情緒化的儲存。你對金錢的決策方式，很可能受到童年經驗、家庭背景與過往經歷深遠影響。例如：一個從小目睹父母吵架因為錢的人，長大後即使收入穩定，也可能對理財產生抗拒或過度焦慮。這種情緒記憶會潛藏於大腦邊緣系統中，形成「自動回應模式」。當類似情境再次出現，你會在不自覺中重演當時的反應，這也就是為什麼有些人總是重複犯下同樣的財務錯誤。情緒記憶不是障礙，而是線索，只要你願意追蹤並重寫它，就能脫離舊有模式。

### ➡ 從覺察到中斷：情緒與行動之間的空間

心理成熟的表現，不在於完全擺脫情緒，而在於能不能在情緒出現時，創造一段思考的空間。這段「反應空間」讓你有機會暫停，不被情緒牽著走。行為經濟學指出，多數錯誤的決策都發生在「衝動立即反應」之際。你看到限時優惠，馬上刷卡；你看到投資漲停，馬上跟單；你聽到別人說某投資失敗，就馬上退出。這些動作的背後都是「零距離反應」。若能建立一套「延遲決策機制」，例如 24 小時思考期、三人討論制度、書寫思辨筆記，就能有效中斷這種自動情緒行為鏈。

### 第七章　不是你理財錯，是你決策方式出問題

#### ➡ 錯的不是選項，是你用情緒代替了選擇

多數人誤以為做出選擇就是在思考，但真正的選擇應該包含覺察、反省與延遲。當我們讓情緒直接決定行動，我們其實是在放棄選擇權。理財不只是數字管理，更是心理決策管理。當你開始看見情緒的力量，並學會與之共處，你將能建立屬於自己的心理空間，從反射模式中抽身，重新拿回真正的選擇權。從這一刻起，請不要急著做出決定，先問自己：「這是我的選擇，還是我的情緒？」

## 第二節　損失厭惡、現在偏誤與衝動行為解析

#### ➡ 損失厭惡：人類本能抗拒損失的心理根源

在行為經濟學的研究中，「損失厭惡」(loss aversion)是最被廣泛觀察且具決定性的心理偏誤。由丹尼爾・康納曼（Daniel Kahneman）與阿摩司・特沃斯基（Amos Tversky）所提出的前景理論（prospect theory）指出，人們在面對可能獲利與可能損失的選項時，對損失的反應通常比同等金額的獲利要強烈得多。也就是說，我們會比起「少賺到一千元」更害怕「損失一千元」，這種本能驅動導致了許多非理性的理財行為。

當你在股市明明該停損卻硬撐不賣，是因為你心理無法接

第二節　損失厭惡、現在偏誤與衝動行為解析

受「帳面損失變成真實損失」的情緒衝擊；當你拒絕報名價格合理的進修課程，是因為你擔心「萬一學不到什麼就是浪費錢」。這些選擇看似理性，實則是被損失厭惡牽引的結果。理解這一點，並不代表要去否定這種情緒，而是學會辨識出自己是在「避免損失」而非「追求價值」，才能讓判斷更接近真實利益。

### ➡ 現在偏誤：選擇不變，是因為恐懼變動

另一個常見的心理偏誤是「現在偏誤」(status quo bias)，意指人們傾向維持現有狀態，即使改變可能帶來更高的利益。這在財務行為中表現得尤其明顯，例如持有多年報酬不佳的保單卻遲遲不願轉換，或對投資工具完全陌生而選擇把錢繼續放在低利活存帳戶中。

這種偏誤的根本原因是變動的不確定性所引發的焦慮感。在不確定性下，人腦的演化傾向選擇「保守策略」以降低風險。但在現代金融環境中，這種心理演算法反而成為阻礙財務成長的隱形枷鎖。要打破現在偏誤，關鍵是讓「改變的可能獲益」變得具體而可感，例如使用預測模擬、視覺化未來收益，讓未改變的成本浮出水面。

### ➡ 衝動行為：當欲望高過計畫的時候

除了上述偏誤，許多人在理財過程中還會受「衝動性」影響做出短視近利的行為。這種行為通常來自「即時滿足」的心理欲

## 第七章　不是你理財錯，是你決策方式出問題

望，也就是人們傾向選擇立即得到小獎勵，而非等待較大的長期回報。這在消費型態上表現得尤為明顯，例如刷卡購物、追逐折扣、非預期消費等。

心理學家華特・米歇爾（Walter Mischel）所設計的「棉花糖實驗」證實，自制力與延遲滿足的能力，是預測個體未來成就的關鍵指標。而在財務行為中，自制力的訓練往往被忽視。若沒有為自己的收入與支出設下心理機制，例如每月固定扣款儲蓄、購物前等待 24 小時規則，就很難抵擋即時的消費誘惑。衝動行為不是壞習慣，而是未設計好的決策環境。

### ➡ 三種偏誤如何交互作用，形成錯誤決策連鎖

這三種心理偏誤並非獨立存在，它們往往會交互作用、互相強化，讓人陷入決策迷霧。例如：你因為損失厭懼不願停損，又因現在偏誤不願嘗試新的投資工具，最後在一次市場恐慌中衝動賣出，鎖住損失。從表面看來，這是一連串錯誤的財務判斷；但從心理層次剖析，這是一套未被辨識的心理偏誤鏈條。

要打破這種連鎖反應，關鍵在於建立「決策節點的覺察力」。每當你發現自己做出與過去模式相同、但結果總不理想的選擇時，就該停下來問：「這是我主動選的，還是我在回應某種偏誤？」當你能持續練習這種自問自答的覺察模式，你的決策品質就會逐步優化。

## ➡ 你以為在做選擇,其實是在重複偏誤的劇本

理財決策錯誤,不是因為你不夠努力,而是你反覆掉進同樣的心理陷阱。損失厭惡讓你害怕輸,現在偏誤讓你不敢動,衝動行為讓你來不及想清楚就先做了。當這些偏誤聯合運作,就像內建在你大腦中的「錯誤劇本」。要翻轉這個劇本,你需要的不是更多知識,而是更清晰的心理結構。從辨識偏誤開始,設計行為的停損點與緩衝區,才能真正做出不後悔的財務選擇。

## 第三節　財務決策的七種心理陷阱與替代選擇

### ➡ 財務偏誤不只一種,而是七種聯合作亂

在處理金錢決策時,許多人以為只要避開大錯,其他都是細節;但其實我們的大多數財務錯誤,是由一連串微小偏誤組成的決策漏洞。心理學家丹尼爾‧康納曼(Daniel Kahneman)指出,人類並非總是理性行動者,而是依賴啟發式與直覺進行快速判斷,而這些快速捷徑卻可能藏有認知陷阱。尤其在涉及金錢時,我們的恐懼、貪婪、從眾、僥倖與過度自信等心理反應,經常成為誤判的根源。了解這七種常見的財務決策陷阱,是我們開始建立穩定理財思維的起點。

# 第七章　不是你理財錯，是你決策方式出問題

## ➡ 過度自信、從眾效應與確認偏誤

第一種陷阱是「過度自信」(Overconfidence Bias)。人們常高估自己預測市場的能力，低估風險可能性。例如：覺得「這次一定會漲」，忽略了市場的不確定性。

第二種是「從眾效應」(Herd Behavior)，在網路論壇或社群媒體上看到大家都買某股票、某 ETF，自己也跟風購買，忽略是否符合自身風險屬性。

第三種是「確認偏誤」(Confirmation Bias)，在搜尋資訊時只看自己想看的數據，排除與自身信念相違的資料。

這三種偏誤，會讓人堅信自己是對的，卻在事實面前撞牆，往往等虧損發生才願意停下來檢視。

## ➡ 現在偏誤與錨定效應

第四種是「現在偏誤」(Present Bias)，又稱即時滿足偏誤。人在面對立即獲得的報酬與未來的報酬時，會傾向選擇眼前的誘惑。例如：知道投資退休金很重要，卻總是優先用錢去買娛樂或名牌，因為回報太遙遠難以激發行動。

第五種是「錨定效應」(Anchoring Bias)，也就是我們會被最先接觸到的數字或訊息框限。例如原價 5,000 元的產品，特價 3,000 元，你便覺得「撿到便宜」，但實際上可能這價格仍高於市場均值。

## 第三節　財務決策的七種心理陷阱與替代選擇

這兩種偏誤讓人無法做出真正成本效益導向的選擇，陷入片面感受與心理暗示之中。

### ➡ 沉沒成本與機會成本盲點

第六種是「沉沒成本謬誤」(Sunk Cost Fallacy)。你可能因為已經投資時間、金錢或情感於某項財務決策（例如已經買進某股票、已經報名某課程），即使知道繼續投入是錯誤的，也不願放棄。這其實是一種對過去投入的不甘心，而非對未來效益的理性考量。

第七種則是「機會成本盲點」，多數人在評估選擇時，只看到表面價格，卻忽略了自己錯過了其他更有效益的資源分配。換句話說，當你選擇 A，卻從未評估 B、C、D 的潛在報酬，就容易以為自己「沒有損失」，實際卻是錯失可能性。

### ➡ 替代選擇的心理調整：
### 　 不是不要感覺，而是加入校正

要避免上述七種心理陷阱，並不代表要變成冷酷無情的理財機器，而是學會為自己的感覺加上「校正值」。這些調整策略包含：建立決策流程表、使用第三方觀點審視、自我問答三層分析、設定思考等待期、與他人交叉驗證選項、反向思考模擬損失與利得，以及建立「錯誤紀錄本」進行學習。透過這些策略，你不僅更能辨識何時偏誤即將發生，更能在關鍵時刻中斷其影響。

第七章　不是你理財錯，是你決策方式出問題

➡ **你以為自己在選最好的，
其實只是掉進最熟悉的陷阱**

當你做財務決策時，你的腦袋不是空白的，而是裝滿了來自過去經驗、情緒與偏誤的內建劇本。若你未曾察覺，它們就會在你每次選擇時發揮作用，讓你「一再錯得很有道理」。避免偏誤的第一步是辨識，再來是為自己的判斷建立反射鏡。真正成熟的財務思維，不是從不錯誤，而是能在錯誤發生前設下思考防線，讓自己在熟悉的陷阱前停下腳步，選擇不同路徑。

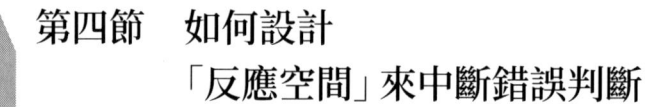

## 第四節　如何設計「反應空間」來中斷錯誤判斷

➡ **決策不是反射，而是需要緩衝的過程**

多數人以為做出選擇就是一種行動力的表現，但從心理學角度來看，真正的高品質決策，並不是快、不是直覺、也不是衝動，而是留下一段緩衝空間的思考行為。這段被稱為「反應空間」（response space），是指你在接收到刺激與做出反應之間的那段思考縫隙。一位知名心理學家說：「刺激與反應之間，有一個空間。在那個空間裡，是我們選擇回應的自由與成長。」若這段空間越短，你就越容易落入自動反應與錯誤決策；若能刻意

## 第四節　如何設計「反應空間」來中斷錯誤判斷

延長這段空間,則能提升覺察與控制力,進而做出長期有利的選擇。

➡ **觸發錯誤判斷的五種情境警訊**

要善用反應空間,第一步是辨識那些會讓我們自動反應、錯誤決策的觸發情境。這些情境通常具有五種特徵:

(1) 情緒高漲時,例如剛受到批評、看到帳戶下跌;

(2) 資訊不對稱時,例如只看到促銷倒數,卻沒有商品比較資料;

(3) 時間壓力下,例如限時折扣或推銷現場;

(4) 過去創傷重現時,例如與金錢有關的失敗經驗被勾起;

(5) 社會比較觸發時,例如看到朋友買車換房而產生焦慮。

當你處在這些情境中,最容易進入無意識反應模式,此時最需要刻意啟動「延遲行動」的機制,讓自己不被推著走。

➡ **三種實用的反應空間設計工具**

第一個工具是「行為前等待機制」。這是一種預先承諾的行為原則,例如「任何金額超過 3,000 元的消費,需等待 24 小時再決定」。這不只是一種行動延遲,更是一種讓情緒退潮、資訊補全的空間。第二個工具是「第三人稱詢問法」,將自己的決策困境換成對別人建議的口氣說出來,例如:「如果朋友面對這筆

投資，他該怎麼判斷？」這能拉開認知距離，降低情緒投射。第三個工具是「視覺化選項評估表」，把選擇的成本、風險、回報寫下來，以視覺呈現方式幫助理性比較。這三個工具不需要科技，只需養成習慣，就能讓你在重要決策前多出一層心理過濾。

## ➡ 反應空間也可以是日常節奏的重新設計

除了臨時性應對工具，更深層的反應空間，其實來自你生活節奏的重新安排。當你每天都處於高壓、緊湊、決策疲乏的狀態下，根本沒有餘裕設計「延遲」。相反地，如果你的生活本身包含了反思儀式，例如：每週一筆理財回顧、每月一場與自己對話的筆記時間，或是每天早上 15 分鐘的檢視行動清單，那麼反應空間就成為一種系統性存在，而非每次臨時的硬拉煞車。透過生活節奏的降速與結構設計，你才能真正擁有「決策自由」，而不是被環境壓著走。

## ➡ 你不是不會決策，只是沒給自己思考的空間

錯誤的理財行為，不見得是因為資訊錯、不夠聰明，而是來自「沒時間想」與「太快行動」。當你把選擇視為一種需要停頓、需要消化、需要冷靜的過程，你就能設計出屬於自己的反應空間。這個空間不但能降低你被情緒帶走的風險，也能讓你的財務判斷真正基於願景、策略與價值，而非慣性、焦慮與壓力。在金錢面前，誰能拉長那 0.5 秒的停頓，誰就能拉出人生的距離。

## 第五節　用「自我抽離決策法」建立距離感

### ➡ 為何我們總能替別人想得清楚？

你是否曾經這樣：在朋友詢問理財建議時，你總能冷靜分析、條理清晰地列出各種可能性；但當自己面對相似情境時，卻陷入情緒拉扯、難以抉擇？這種現象並不罕見，研究多以「自我抽離／自我沉浸」（self-distancing / self-immersion）架構來解釋。也就是說，當我們面對他人的問題時，由於情緒不涉入，能夠從更客觀、更宏觀的角度進行判斷；而當自己成為主角時，便容易被恐懼、焦慮、榮耀感、羞恥感等情緒模糊視線。要解決這個問題，一種有效方法便是「自我抽離決策法」（self-distancing），也就是讓自己暫時跳出角色，改用第三人稱自我對話來模擬思考。

### ➡ 自我抽離決策法的三大心理作用

這種策略之所以有效，是因為它同時啟動了三種心理作用：第一是「情緒抽離效應」。當你假設自己是在為朋友做決策，你會自然將情緒收斂，改以分析為主；第二是「角色切換效應」，將主觀內在的問題轉化成可觀察的對象，增加判斷距離感；第三是「語言邏輯調整效應」，使用第三人稱語句敘述問題（例如「她是否該……」），可以強迫我們將情緒雜訊轉換成邏輯排序，

## 第七章　不是你理財錯，是你決策方式出問題

讓想法更加條理分明。這三個心理歷程共同作用，有助於中斷你慣性的錯誤決策模式。

### ➡ 自我抽離決策法的應用步驟與語言模板

實踐自我抽離決策法不需要任何工具，只需透過語言轉化與思維架構重新設定即可。你可以依照以下步驟進行：第一步，將自己的情境描述出來，最好書寫下來；第二步，將敘述轉換為第三人稱，例如「如果林小姐現在遇到我這樣的狀況……」；第三步，列出你會給她的三個建議；第四步，寫下你對這三個建議的風險評估與實施代價。常用語言模板包括：「如果我是一個旁觀者，我會怎麼建議他？」、「她若是我的朋友，我會希望她選哪一條路？」、「這選擇若不是我自己，哪個最有道理？」這些語句能夠有效創造心理空間，讓理性進場，情緒退位。

### ➡ 替身不等於逃避，而是建立思維緩衝區

有些人可能擔心：「這樣不是假裝不是自己面對嗎？」事實上，自我抽離決策法並非逃避責任，而是為自己創造一個思維上的緩衝區。這就好比工程中的減震設計，不是為了躲避衝擊，而是為了在衝擊來臨時維持結構穩定。透過替身語境，我們能更有彈性地容納矛盾與不確定，進而設計出比當下情緒反應更精準的解方。這不是情緒的壓抑，而是情緒的轉譯，是一種更高階的認知控制力訓練。

第六節　搞懂你到底想解決什麼問題：欲望 vs. 需要

➡ 當你願意從自己身上跳出來，決策才會跳脫盲點

我們每個人都需要學會「與自己保持距離」。這不是冷漠，而是自我溫柔的開始。當你為自己打造一位心中的「理性朋友」，你才能在混亂中找到穩定，在模糊中看清輪廓。自我抽離決策法不只是技巧，而是一種心態：我願意為自己好，但也願意換個視角來思考。當你從「我是我」的認同中暫時跳脫，很多答案，其實早就擺在你眼前。

## 第六節　搞懂你到底想解決什麼問題：欲望 vs. 需要

➡ 欲望與需要的心理差異不是強弱，而是來源

我們在理財過程中經常會問自己：「我真的需要這個嗎？」但更多時候，我們的選擇其實是出於欲望，而非真實需求。從心理學角度區分，欲望是一種來自外部刺激與即時滿足的驅動，它常受到社群、廣告、比較與幻想的影響；而需要則是維持生命與功能性目標的內在需求，與個體的長期價值、目標與現實資源息息相關。這樣的區分並非要否定欲望的正當性，而是讓我們在每一次消費或投資前，能多問自己一個問題：「這是因為我現在想要，還是我未來真正需要？」這個問題的答案，決定了你的財務行為是穩定還是失控，是成長還是補償。

205

## 第七章　不是你理財錯，是你決策方式出問題

### ➡ 理財錯亂背後，是沒有辨識動機的能力

許多人會說：「我很節制，但錢還是留不住。」這往往不是行為問題，而是動機混亂的結果。當你未清楚劃分欲望與需要，你的判斷系統就會出現偏差。例如：你以為買健身課是為了健康，但其實是因為朋友都在上；你以為投資加密貨幣是為了財務自由，其實是想逃避工作現狀的無力感。這些行為在外觀看起來合理，但其動機若無法被辨識與統整，終將導致財務決策上的空轉與浪費。心理學家亞伯拉罕·馬斯洛（Abraham Maslow）在其需求理論中提出，需求層次若被誤認，人類將無法有效滿足真正的缺口，而會不斷追逐錯誤的對象。這正是許多理財策略失效的根本原因。

### ➡ 建立「動機拆解術」找出行為背後的心理目的

要在理財上做出更清楚的選擇，必須練習一種能力：動機拆解。你可以從每一次金錢使用前，問自己三個問題：（1）我這次行動背後的心理渴望是什麼？（2）這個渴望能否用非金錢方式解決？（3）如果不立即滿足，我會因此受損嗎？這三個問題將幫助你把行動與動機分離，讓欲望浮上檯面、讓需要被看見。此外，也可建立「行為記錄系統」，記錄每一次花費的觸發情境與當下情緒，再經過一週或一月回顧分類，就能發現哪些支出其實只是「情緒回應」，哪些才是真正價值導向的投入。

## 第六節　搞懂你到底想解決什麼問題：欲望 vs. 需要

### ➡ 金錢無法解決的，是心理補償機制造成的錯誤

在行為經濟學的視角下，許多非理性財務行為，其實是心理補償行為的外化。當我們感到孤獨、焦慮、被否定或自我價值感低落時，便傾向以金錢來補償心理缺口。這解釋了為何在壓力大時容易衝動購物、在情感受挫後傾向揮霍，或是面對社交場域時過度裝備。這些行為表面是欲望發動，實則是缺乏更健康的心理滿足管道。如果你無法看見自己的補償行為模式，你會一再以金錢進行錯誤的療癒，卻讓財務狀況更加脆弱。因此，建立健康的情緒處理機制，是理財穩定的必要條件，不亞於任何一種投資技巧。

### ➡ 你以為你在管理金錢，其實你在修補心理缺口

當我們不清楚自己到底是想要還是需要，我們就很難做出長期有效的財務選擇。欲望並不可恥，但混淆欲望與需要，將讓你誤判所有的財務策略。每一次金錢行動之前，多一層動機辨識的過程，將讓你避免落入情緒型花費與心理補償的陷阱。真正的財務穩定，不是你賺多少，而是你能不能讓金錢回應的是「真正的你」而非「一時的欲望」。當你開始搞懂自己到底想解決什麼問題，你也就真正踏上了財務自主的起點。

第七章　不是你理財錯，是你決策方式出問題

# 第七節　理財成功不是 IQ，
　　　　而是你的心理間距夠不夠長

➡ **金錢世界的勝負關鍵，不在智力而在時間間距**

當我們觀察理財成功者時，容易將他們歸因於「聰明」、「懂得分析」、「反應快」等特質，但這些表面能力往往並非關鍵。真正拉開差距的，是他們在做出決策前所保留的心理空間，也就是所謂的「心理間距」。心理學中的心理距離（psychological distance）理論指出，當個體能夠將自己從當下的情緒與情境中抽離，拉遠視角思考長期結果，做出的選擇將更具一致性與價值感。你不是輸在不會計算，而是你每次都太快做決定、太快行動、太快放棄。心理間距，就是你與財務穩定之間最被低估的變數。

➡ **心理間距短的人，為何容易財務焦慮？**

心理間距短的人，往往以立即回應為主要行動模式。他們容易受到當下感受與外在刺激影響，做出衝動消費、過度反應或過早賣出資產的行為。這類型的人通常缺乏對未來的視覺化能力，也無法忍受不確定與等待，因此在財務安排上經常過度求快，忽略資源的沉澱與系統性累積。根據「延遲滿足與自控力」的研究顯示，能夠忍受當下誘惑、延遲回應的個體，其資源

## 第七節　理財成功不是 IQ，而是你的心理間距夠不夠長

累積速度遠高於反應型人格。心理間距短不只是風格問題，而是一種不斷耗損注意力、破壞節奏的內部機制，會讓你財務疲乏、心理緊繃，長期下來形成「存不到、花太快、投錯向」的惡性循環。

### ➡ 拉長心理距離的三種自我訓練方式

第一種方式是「未來化視角訓練」。請你練習將所有金錢決策拉到一年後的視角去看：如果一年後的我回頭看今天的選擇，還會認同嗎？這能強化你的延遲滿足能力，也讓你不再為短期情緒犧牲長期價值。

第二種是「語言框架轉換」。將「我想要」改成「我是否需要」，或是將「這好划算」改成「這對我的財務架構有幫助嗎？」語言結構的變化，會影響你處理訊息的層級與順序，進而改變心理節奏。

第三種是「節奏化的決策流程」，也就是把重要金錢行為固定在規則中進行，例如「每月 5 日做一次財務檢視」、「大額支出需經過 48 小時等待期」等。這些節奏設定，其實就是心理間距的制度化。

## 第七章　不是你理財錯，是你決策方式出問題

### ➡ 從心理距離到心理容量：
### 　 關鍵在於你容得下多少空白

　　心理間距不只是延遲反應，更是一種能容納空白的能力。在財務選擇中，有時你需要的不是馬上決定，而是暫時什麼都不做、留一段空白，讓情緒退去、讓資料成熟、讓市場冷卻。這種空白的存在不是浪費，而是允許你在最有價值的時間點行動。心理學家羅伊・鮑邁斯特（Roy Baumeister）提出「自我耗竭」（ego depletion）模型，認為決策會消耗自我控制力。能創造空白的人，不是逃避問題，而是為選擇創造更強的心理續航力。

### ➡ 拉開心理間距的人，才能看見財務的遠景

　　理財成功的關鍵，不在於誰更快計算，而在於誰能夠在資訊爆炸與情緒高張的當下，留出一段距離思考整體節奏。這個距離，就是你的心理間距。當你學會拉開與欲望的距離、與誘惑的距離、與外界期待的距離，你也就拉近了與財務自由的距離。從現在開始，請記得：最好的判斷，不在刺激來臨時立即反應，而是在你願意讓自己慢下來、停一下，然後清醒地走向自己選擇的方向。

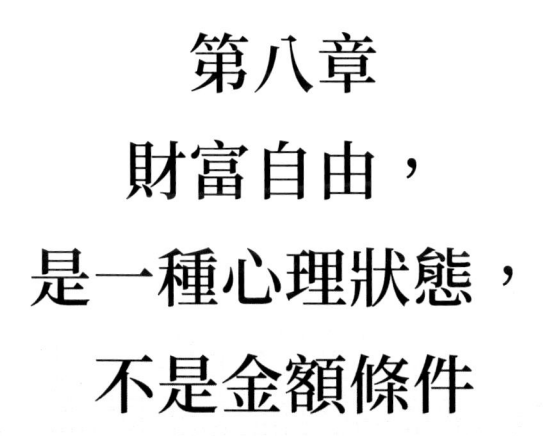

# 第八章
# 財富自由，
# 是一種心理狀態，
# 不是金額條件

# 第八章　財富自由，是一種心理狀態，不是金額條件

## 第一節　你要的是錢，還是你以為錢能帶來的東西？

### ➡ 金錢背後的心理投射：不是數字，而是感覺

當人們談論「想要有錢」時，真正渴望的往往不是金錢本身，而是錢所代表的某種感覺與狀態。對某些人來說，金錢代表安全感；對其他人來說，金錢象徵自由、控制權、尊嚴或選擇的空間。這種把抽象情緒需求寄託於具體物件／符號的現象，在社會與人格心理學中稱為「象徵性代償」(symbolic compensation)或「象徵性自我完成」(symbolic self-completion)。若我們未曾釐清自己對金錢的投射內容，就會在追求財富的過程中感到永遠不足，因為真正的匱乏並非來自銀行帳戶，而是心理需求未被辨識與滿足。

### ➡ 錢是手段不是目的，卻常被錯當成人生解方

許多財務焦慮源自於一種錯誤信念：只要有錢，人生問題就能被解決。這樣的思維模式看似務實，實則讓我們在金錢運用上失去精準性。我們容易將所有問題「金錢化」處理：覺得孤單就花錢參加課程、覺得自卑就買高價商品、覺得無力就想靠一夜暴富逆轉人生。然而，金錢只能解決金錢能解決的問題，不能修補關係、不會替你建立自尊，也無法真正帶來內在的穩

## 第一節　你要的是錢,還是你以為錢能帶來的東西?

定。財富自由的第一步,是區分「金錢可以解決」與「金錢不能解決」的事,否則你將永遠處在追錢卻無法滿足的狀態。

### ➡ 重新定義「財富」:內在狀態的擴張,而非外在數字的增加

財富應被視為一種心理資本,而非僅是資產負債表上的數字。當你能感覺到「我有能力選擇」、「我能承擔生活的不確定」、「我能夠承接風險與轉變」,這些心理狀態就構成了財務安全感的基礎。根據自我決定理論(Self-Determination Theory)與正向心理學研究,幸福感與「自主、勝任、連結」等基本心理需求的滿足度高度相關,其中對自身選擇能力與未來可掌握性的感受尤為關鍵。換句話說,財富自由不是你擁有多少,而是你是否感覺自己能夠面對變化、做出選擇、並信任自己的決策力。這樣的狀態,是可以訓練與培養的。

### ➡ 問對問題,才有正確的金錢行動方向

在理財規劃中,多數人急於問「我要怎麼賺更多?怎麼理得更好?」卻很少問:「我到底想過什麼樣的生活?我真正想解決什麼問題?」如果你沒有先問對問題,那麼所有的財務行動都可能是誤解下的努力。你可能拚命存錢,其實只是為了減少不安;你可能追求被動收入,其實只是想逃離無趣的工作;你可能投資高報酬項目,其實只是為了證明自己比別人強。當你認清了

### 第八章　財富自由，是一種心理狀態，不是金額條件

自己對金錢的期待背後是什麼情緒、什麼價值、什麼需求，那麼你的財務行動才能對準目標，不再用錯工具解錯題。

### ➡ 你要的不是錢，而是錢背後的心理狀態

如果你不去看清楚自己想從金錢得到什麼，那你將永遠無法真正富有。真正的財富自由，不是達到某個金額門檻，而是你知道自己在尋求什麼，並且用對方式滿足它。當你不再讓金錢背負情緒的責任，而是讓它成為達成心理目標的資源，你將開始從匱乏轉向富足，從焦慮轉向篤定。這一轉念，就是財富自由的真正起點。

## 第二節　自由感來自選擇彈性，而非金額累積

### ➡ 自由不是存款總額，而是你能否說「不」的權利

人們談論財富自由時，常把焦點放在數字：月收入多少、存款多少、淨資產多少。但真正的自由，並不是達到某個數字就自動啟動，它其實來自一種「能夠選擇」的心理狀態。自我決定理論主張人類有三項基本心理需求：自主（autonomy）、勝任（competence）、連結（relatedness）；其中「自主感」與幸福感密切相關。而自主的本質不是錢多錢少，而是你能否做出對自己有意義的選擇，特別是在不配合別人期待時，仍能維持內在平

## 第二節　自由感來自選擇彈性，而非金額累積

靜。如果你收入很高，但每天仍得應付討厭的客戶、忍耐不合理的工作安排、壓抑真實的意見，那麼你的金錢無法為你帶來自由，只是用更多報酬換來更多妥協。

### ➡ 彈性是財富的真義，不是單一追求的終點

財富自由的真正指標，是你生活中擁有多少「選擇彈性」（flexibility），而非是否擁有單一的終極數字目標。這種彈性展現在三個層面：時間彈性——你能否選擇自己的生活節奏；工作彈性——你是否能挑選合作對象與形式；情緒彈性——你能否在拒絕或退場時不感到焦慮與內疚。當你把金錢作為創造彈性的工具，而非堆積數字的手段時，你的財務決策會變得更有節奏感、更貼近真實需求。彈性的增加，讓你能夠以自己熟悉且舒服的方式生活，而非模仿他人理財模組的「照表操課」。

### ➡ 「夠用」的概念，來自價值觀而非行情參數

若要培養真正的自由感，關鍵是釐清「對你而言什麼是夠？」這不是帳面計算公式，而是價值排序的選擇題。許多人在無止盡地追求金額累積，是因為未曾問自己：我到底為了什麼而工作？什麼生活狀態我會感到心安？這些問題無法用市場行情回答，只能由個人內在釐清。當你確立屬於自己的「夠用定義」，你就能在物質擁有與內在感受之間建立合理比例，而不再落入永遠不滿足的心理陷阱。這份心理穩定感，正是自由的基礎。

# 第八章　財富自由，是一種心理狀態，不是金額條件

## ➡ 減法比加法更容易帶來自由感

自由感不只是增加資源，更重要的是減少壓力與依賴。當你愈多支出是被社會期待所綁架（如必須擁有名牌、必須年年出國、必須買房），你就愈難感受到真正的自由。反之，當你重新設計生活結構、降低不必要的財務承諾與心理負擔，你會發現，原來自由是從「需求的變少」開始的。這不是提倡極簡，而是學會把每一筆支出都對準價值核心，讓金錢真正為你服務，而不是你被金錢綁架。減法的財務設計，反而更容易創造心理空間，讓選擇不再被恐懼主導。

## ➡ 真正的自由，是你能選擇自己想要的生活節奏

別再用資產淨值來衡量自由，你應該用「我能不能說不要」來檢測自己的財務健康。當你擁有選擇的能力、不為五斗米折腰、不再委屈迎合時，你就開始掌握了財務自由的本質。自由不是帳戶的數字，而是你對生活選擇權的認知與實踐。從建立彈性開始，你將會發現，原來有錢並不是終點，有選擇、有彈性，才是真正的目的地。

# 第三節　財富焦慮來自「所有事只能靠自己」的孤島信念

### ➡ 「孤島信念」是什麼？一種深層的心理偏執

在許多財務壓力與焦慮背後，其實潛藏著一種信念：「我不能靠別人，只能靠自己。」這種信念我們稱之為「孤島信念」，它源自過往成長經驗中對他人不可靠、資源不可預期、依賴會帶來失望的反覆感受。這種信念一旦內化，便會導致高度的獨立性追求，卻同時帶來極高的心理負荷。在理財上，孤島信念會使人對合作感到不安、對求助感到羞愧、對共享資源感到懷疑。這種全靠自己的模式，看似堅強、實則脆弱，因為它不容許彈性、也不允許失誤，所有壓力全歸個人承擔。

### ➡ 財務焦慮的成因：不是沒錢，而是沒有支持系統

當一個人長期處於「無法求助」的模式時，他的心理資本會快速耗竭，導致對財務不確定性的承受力大幅下降。許多焦慮並非來自實際匱乏，而是來自「萬一出事只能靠我」的壓力預設。例如：一位創業者明明收入穩定，卻因無法信任會計或夥伴，長期處於高強度監控與焦慮中；一位家長即使有配偶與家庭資源，也總覺得孩子的一切都只能靠自己完成安排。這些模式會

## 第八章　財富自由，是一種心理狀態，不是金額條件

讓人即便在財務條件上沒有問題，心理卻始終處在緊繃狀態，進而阻礙財務決策的彈性與創造性。

### ➡ 合作不是脆弱，而是一種資源分擔的智慧

打破孤島信念的第一步，是重新定義「合作」與「求助」。求助不代表無能，合作不代表依賴，而是一種資源整合與風險分攤的機制。心理學家亞伯特·班度拉（Albert Bandura）在其自我效能理論中指出，個體的自我效能感不只來自個人能力，也來自可用資源與社會支持系統的穩定性。當你能允許自己從「單兵作戰」過渡到「資源協作」，你的心理負擔會明顯下降，你的決策品質也會因更廣的資訊與觀點而提升。這種合作力，其實是現代財務韌性的重要來源。

### ➡ 建立財務信任網絡的實用策略

若要從「只能靠自己」的狀態，過渡到「我願意一起做」，你需要具備三項策略：第一，情緒信任清單——列出你在情緒崩潰時可以說話的三個人，並在平時刻意維護關係；第二，資訊互助圈——參加具有同溫層但非競爭性的理財讀書會、社群或合作夥伴計畫；第三，責任分工模式——明確與伴侶或家人協調財務分工，而非一人扛起所有事務。這些策略的重點在於「主動連結」，讓你從孤島模式轉為聯盟模式，不再將資源集中在單一個體上，而是建立分散壓力的結構。

➡ 你不是缺錢，是缺一個可以一起面對的人

當我們深陷財務焦慮時，往往不是因為金額真的太小，而是因為我們覺得「只能靠自己」。這樣的孤島信念會讓你在面對壓力時喪失韌性與協商力，讓每一次決策都像在懸崖邊作戰。真正的財務自由，除了數字穩定之外，更來自心理支持的穩定與人際資源的開放。當你願意相信別人能幫得上忙，也願意讓自己不再硬撐，你將發現，財富的安全感原來可以來自「一起」，而不是「只能我」。

## 第四節　用「三重自由度」盤點你的金錢壓力點

➡ 自由的本質是選擇，而壓力源於選項的失衡

自由從來不是絕對的擁有，而是能夠在各種選項中做出貼近自我價值的決定。當你的金錢行為總是讓你感到焦慮與壓力，那很可能不是因為錢不夠，而是你的「選項結構」出了問題。你也許在收入來源上選擇過於單一，支出義務過於固定，或是風險承擔無緩衝空間。知覺控制（perceived control）與選擇權相關研究指出，個體的壓力程度不僅取決於客觀難度，更取決於其是否感到擁有「可行選項」。換言之，自由不是擁有一切，而是知道除了這條路之外，你還可以怎麼選。

第八章　財富自由，是一種心理狀態，不是金額條件

## ➡ 第一重自由度：收入來源的多元與自主性

你是否擁有收入彈性？這是第一個自由維度。多數人會將收入視為工作成果的對價，但忽略了「收入模型的設計權」本身就是資源。如果你的金錢流入來自單一雇主、固定工時、固定酬勞，當環境變動或個人狀況轉折時，你將瞬間陷入風險。相反地，當你的收入包含多元來源，例如接案、分潤、授課、內容授權、訂閱服務等，你便具備一定的選擇自由。這種收入的結構設計，不只是為了錢多一點，更是為了在不利情境下仍有談判空間與行動餘地。第一重自由度，就是「不被單一管道限制的彈性」。

## ➡ 第二重自由度：支出結構的可調整性

有些人收入不低，卻經常感受到金錢壓力，那是因為支出結構僵化。每月要還的貸款、固定的高消費習慣、無彈性的家庭責任，這些會讓你即使帳面資源充足，仍難感受自由。第二重自由度在於你能否調整支出節奏與內容，是否能在需要時縮減開銷、延後支出，甚至是彈性改變生活型態。例如能否短期換小房子、暫停非必要訂閱、降低社交消費等，這些調整空間就是壓力的釋放閥。具備支出上的選擇彈性，你才能真正掌握財務節奏，而不是被財務安排掌控。

## 第四節　用「三重自由度」盤點你的金錢壓力點

### ➡ 第三重自由度：風險承擔的心理與資源備援

金錢壓力的根本來源，是對風險的無法承擔。第三重自由度在於你的風險管理能力與心理承接力。當你擁有一定的儲備金、被動收入、緊急應變策略，甚至是可以尋求的支援對象與替代方案時，任何經濟風險都不再是全或無的壓力來源。關於知覺控制與選擇權的研究（例如艾倫・蘭格對知覺控制的工作）指出，當人們相信即便最壞情況發生也有後路時，其壓力會顯著下降。這就是為何有些人月薪不高卻很安心，有些人收入頗豐卻時常焦慮。第三重自由度，就是「面對風險仍能保持心理平衡的能力」。

### ➡ 財務焦慮不是錢的問題，而是自由度的問題

財富自由的關鍵不在於你現在擁有多少金錢，而在於你是否擁有選擇的權利與彈性。當收入來源多元、支出結構可調、風險承擔有備援，你的金錢壓力自然下降，你的判斷能力自然提升。這三重自由度，不僅是財務設計的核心結構，更是心理穩定的基石。請從今天開始，不只追求賺更多，更要盤點你的自由度，因為真正的安全感，來自於你知道自己，還有其他選擇。

第八章　財富自由，是一種心理狀態，不是金額條件

# 第五節　設計「選擇權日常」：不為五斗米折腰的實作法

➡ 選擇權不是口號，而是日常練出來的肌肉

我們常把「自由」當作一種終極狀態，但事實上，自由感的培養是由無數日常選擇練習累積而成的。作家與習慣研究者詹姆斯・克利爾（James Clear）在《原子習慣》中指出，行為模式會透過重複成為身分認同，而選擇權也是如此。當你一再選擇迎合、一再選擇壓抑自己的節奏與偏好，你的腦就會默認「我沒有選擇的權利」。相反地，當你開始在生活中刻意訓練小型選擇的主動性，比如說不、不妥協、不遷就、不過度討好，你的大腦才會逐步建立起「我有選擇」的心理路徑。這些日常選擇，不只是行動，而是自由的肌肉鍛鍊。

➡ 自由從一句「不」開始：辨識你的委屈交易

我們每個人都有自己在金錢與時間上的「委屈交易清單」──那些你明明不想做卻為了錢不得不做的事。它可能是接了不合理的案子、答應不喜歡的合作，或是為了業績而說出違背良心的話。這些行為當下或許能換到收入，但長期而言會削弱你對自身價值的信任，讓你習慣「只要給錢，我就能放棄原則」。要設計「選擇權日常」，第一步就是辨識這些委屈交易，然後逐步

退出它們。你可以從最不痛的開始，例如拒絕加班不給加班費的工作、拒絕無償的勞務要求、拒絕價值觀不合的合作邀請。這些拒絕的行動，是在對自己說：「我值這個價。」

## ➡ 微型選擇練習：從生活中建立自我決策肌肉

選擇權的訓練不必等到重大人生抉擇才進行，它應該融入日常中。例如：練習為自己安排一天中 10 分鐘的「無人干涉時間」；練習在選擇交通方式時不總是選最便宜而是選最舒適；練習在點餐時不問別人「你要吃什麼」，而是自己先決定。這些看似微不足道的行動，卻是在幫助你從「外部依附型決策」轉為「內部出發型決策」。當你在小事上開始選擇自己想要的方式，你的大腦就會漸漸建立起「我有掌控力」的迴路，進而影響你面對重大財務或生活選擇時的穩定性與自主性。

## ➡ 建立「選擇權日常」的三個制度化方法

第一，設立「自主選擇預算」：每月劃出一筆小額資金，只能用來做自己真正喜歡但不必須的事，例如買一本冷門但有興趣的書、體驗一次從未參加過的活動。這讓你練習為「喜好」買單，而非為「生存」支出。第二，執行「價值優先行事曆」：在每週安排一件與自己核心價值有關的行動，不為產出、不求回報，只為提醒自己生活的主軸。第三，定期反思「我為什麼選擇這樣過日子」：每月花 15 分鐘檢視自己的生活決策是否仍對準

第八章　財富自由，是一種心理狀態，不是金額條件

初衷，這能防止自己在社會期待與他人眼光中逐漸迷失。這些制度不是為了約束你，而是為了幫助你固定選擇主體的軌道。

### ➡ 你能不能說「不」，決定你值多少錢

擁有財務自由，不是有錢什麼都買得起，而是你能不能在關鍵時刻不為五斗米折腰。當你能在生活中建立「選擇」的習慣，你就不再是環境與他人眼光的被動接受者，而是自己人生的設計者。選擇權的實踐從來不是一蹴可幾，它是一種生活結構的設計，一種日常行為的累積，一種價值信任的宣告。從今天起，請為自己安排一個不需解釋、不需討好、不需委屈的選擇，你會驚訝地發現，那個瞬間的篤定，比你帳戶裡的數字更有力量。

## 第六節　財務自主，是先允許選擇，再建立行為

### ➡ 行為前提是心理允許，而非制度強迫

當我們談論財務自主，多數人會直接聯想到預算規劃、投資策略或消費紀律。但真正的財務自主，起點不是行為，而是心理允許。如果一個人心裡不相信自己有選擇權，不相信自己有資格好好用錢、拒絕不合理的合作或為自己花錢，那麼再完美的財務制度也只是形式，無法根本改變行動。心理學家卡

## 第六節　財務自主，是先允許選擇，再建立行為

爾·羅傑斯（Carl Rogers）在探討自我概念時指出，行為的出現必須基於一種「內在容許」的狀態，也就是個體必須先相信自己可以這樣做，才會真正去做。所以，財務自主的第一步不是「我該怎麼做」，而是「我允許我自己這樣做」。

### ➡ 自主感源自「主體性確認」的內在對話

在心理語境中，自主並非代表自給自足，而是對自身行為有感知、有參與、有選擇權。這必須來自一個內在過程：你在每一次金錢決策之前，有沒有先問過自己「這是我要的嗎？」、「我選擇這樣做，是出於我嗎？」這些問題讓你從習慣性反應中抽離，回到「我是誰、我想怎麼活」的主體位置。主體性的覺察，是財務行為得以建立穩定節奏的基礎。如果你總是在別人指令下才行動，總是模仿他人的理財方式，總是壓抑內在不安而用表面的行動來填補，那你只是進入了一種偽自主狀態，真正的自由感將難以形成。

### ➡ 拆解「我不能」背後的限制信念

多數人之所以難以實踐財務自主，是因為內心藏有大量的限制信念，這些信念通常來自成長經驗、社會規訓或失敗經驗的內化。例如「錢不夠的人不該花在享樂上」、「我沒有資格跟有錢人談條件」、「我不夠專業，不能自己做判斷」、「我如果出錯，沒人會幫我」。這些想法乍聽合理，但若未檢視，便會變成阻礙

## 第八章　財富自由，是一種心理狀態，不是金額條件

你前進的隱形邊界。要建立真正的財務自主，關鍵在於先看清這些「我不能」的由來，然後用語言、行為與實驗性選擇去鬆動它。只有當你重新定義限制的來源，你才能為自己開啟新的可能性與行動空間。

### ➡ 建構允許機制：從日常三個行動開始

財務自主並非一蹴可幾，它來自於每日的微小允許與選擇練習。以下三個行動是啟動心理允許的關鍵策略：第一，建立「允許清單」，寫下五件你一直想做但認為自己沒資格做的金錢行動，然後挑一件小的開始實踐；第二，設計「反制語句」，針對你最常出現的限制語言（如「我不能這樣花」），設計一句溫柔但堅定的反駁語句，例如「我值得為自己的快樂買單」；第三，執行「自我確認儀式」，每天早上對自己說一句「我有權選擇」，讓選擇的概念內化為自我身分的一部分。這些看似簡單的動作，其實是對你心理肌肉的長期鍛鍊。

### ➡ 你先允許了自己，行動才會真的跟上

財務自主從來不只是行為的排列組合，而是一場心理架構的重建。當你願意允許自己選擇不同的生活節奏、允許自己不再討好所有人、允許自己走出別人的期待時，你才真正開始成為金錢的主導者，而非被操控的執行者。請記得：行為只是結

果,允許才是源頭。從現在起,每一次財務決策前,請問自己:「我允許我這樣做了嗎?」這一問,將改變你所有的選擇軌跡。

## 第七節　財富自由不是未來,是你今天能不能說「不要」

### ➡ 真正的自由,是你能夠拒絕不適合的選項

多數人對「財富自由」的想像停留在未來某個模糊的時間點,當存款達標、房貸清空、被動收入到位,那時才終於可以活得自在。但心理學的角度提醒我們,自由不是等來的,而是每天都能練習的行動能力,尤其是「拒絕」的能力。行為經濟學家丹・艾瑞利(Dan Ariely)指出,真正改變人們生活品質的,不是擁有多少資源,而是他是否能夠說出「這不是我想要的」並堅持選擇權。當你能夠說「不要」時,不僅是在拒絕一個不合適的選項,更是在為你的價值觀劃出邊界,而這份邊界,正是自由感的開端。

### ➡ 拒絕的困難:我們為什麼總是不敢說不?

多數人無法果斷說出「不要」,不是因為選項本身有多重要,而是我們害怕帶來的後果:被討厭、被排擠、錯失機會、顯得

## 第八章　財富自由，是一種心理狀態，不是金額條件

不合作。這些恐懼，讓我們習慣性地接受、配合、延遲真實意願。久而久之，這些「說好的讓步」成為理財焦慮的根源——我們接了不想接的案子、答應不合理的條件、做了不願做的工作，只因為無法承受拒絕後的空白。事實上，每一次「不敢說不」的行為，都是把選擇權讓給外界。真正的自主，是能承擔說「不」所帶來的不確定性，並相信自己有能力為結果負責。

### ➡ 從「選擇壓力」到「選擇主權」的轉化策略

要從怕選錯、怕後悔、怕衝突的狀態，轉為主動選擇、自信決策的狀態，我們需要三個轉換步驟：第一，建構選擇清單，把每一次讓你內心掙扎的決策列出來，拆解成「我是為了誰選這個？」、「這是我真正要的嗎？」的問句檢視。第二，進行價值排序練習，每週檢視一次自己的行為是否與自身價值一致，這會強化你對「拒絕」的心理安全感。第三，設置「空白容忍機制」，刻意安排不接案、不社交、不填滿行程的一天，讓你練習在沒安排的狀態下仍然安心。能夠容忍空白的人，才有能力選擇真正重要的東西，而非填補焦慮。

### ➡ 每一個「說不出口的拒絕」，
### 　　都是人生的壓力漏洞

在財務與生活選擇中，那些「說不出口」的拒絕常常是壓力的來源。例如：你不想加班，卻不敢說出來；你不喜歡客戶

## 第七節　財富自由不是未來，是你今天能不能說「不要」

的風格，卻選擇配合；你其實不想買房，卻因為社會期待而硬撐貸款。這些無法拒絕的選擇，使你財務壓力上升、生活熱情下降，甚至讓你對自己的判斷產生懷疑。從心理動能的角度來看，每一個說不出的「不」都在削弱你的自我效能感。學會有意識地辨認那些「其實你想拒絕但沒說出口」的決策，並逐步練習回到你真正的意圖，是你重建自由感的關鍵。

### ➡ 你今天說了哪一個「不要」？那就是自由的開始

　　財富自由不是等到你有錢再開始，而是你今天能不能為了自己說「不要」。當你拒絕不合理的合作、不適合的支出、不必要的討好時，你就為自己奪回了一塊心理領土。每一次拒絕，都是在說：「我知道我想要什麼，也知道我不再接受什麼。」當這樣的選擇能力累積到一定程度時，你會發現，原來財富自由不是一個終點，而是一種日常狀態。它的門票不是收入證明，而是你每天說「不要」的那份勇氣。

# 第八章　財富自由，是一種心理狀態，不是金額條件

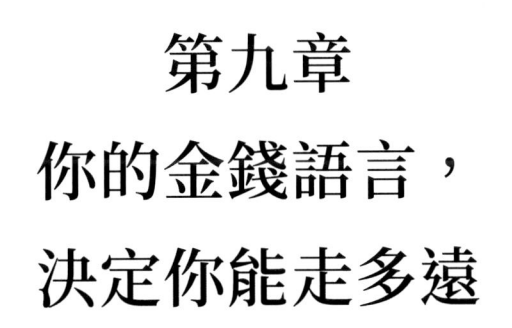

# 第九章
# 你的金錢語言，
# 決定你能走多遠

# 第九章　你的金錢語言，決定你能走多遠

## 第一節 「我很窮」、「我不會理財」是語言還是命運？

### ➡ 信念種子：語言如何鑄就金錢現實

當我們說出「我很窮」這句話時，往往認為只是抒發情緒，卻忽略它在心理層面產生的影響。語言並非只是用來表達現實，而是參與創造現實的工具。根據語言學家喬治‧萊考夫（George Lakoff）與馬克‧詹森（Mark Johnson）的理論，語言作為隱喻性思維的載體，會在我們心中建構出對「金錢」與「自己」的隱形認知架構。一旦這些語言模式重複使用，它們會被潛意識視為行為的依據，導致我們不自覺地排斥與財富有關的選擇。語言不只是傳遞訊息，更像是對潛意識下達的行動指令，一旦形成迴路，就會成為你認定的「現實」。這也解釋了為什麼有些人即使收入提升，依舊無法擺脫貧困感，因為語言尚未轉變，思維也未更新。

### ➡ 潛意識錄音機：語言如何形成心理暗示

心理學家發現，潛意識最容易接受的語言訊號，往往來自於「自我對話」的內容。當一個人長期對自己說「我不會理財」、「我沒賺錢天分」這類句子時，潛意識會記錄下這些陳述，並在面對相關行動時，啟動逃避或否定的心理反應。根據臨床心理

第一節 「我很窮」、「我不會理財」是語言還是命運？

學的研究，語言結合情緒所產生的心理暗示，比單純的意識念頭更強大，因為它們能繞過理性層面，直接影響潛意識的預設值。舉例來說，當一個人習慣性地在消費前說「我一定會花超出預算」，那麼即使他知道要控制預算，也會因潛意識的預設而出現過度支出的行為。語言就像一段不斷播放的錄音帶，而潛意識就是那臺從不關機的播放機，它會根據你重複播放的訊息，自動執行預設模式。

## ➡ 語言與信念的交互效應：限制還是解放？

在心理學中有個重要理論叫做「自我實現預言」（self-fulfilling prophecy），意思是人們對未來的期待會影響自己的行為，進而讓預期成為現實。這正是語言與信念互相強化的機制：你說你不會理財，你的行為也會開始避開理財，最終你真的就變成一個「不會理財的人」。這不是命運的安排，而是語言觸發了信念的收縮，信念再引導行為的選擇，最後形成現實的循環。想打破這個循環，第一步就是改變語言。當你開始說「我正在學習管理財務」或「我願意理解金錢如何運作」，語言開始釋放新的心理可能性。這些語言不是假裝正向，而是打開人腦新的神經迴路，讓你有機會跳脫過往慣性。當語言改變，你對自己的認知也開始重組，而這樣的認知轉變，才是真正影響財務行為的關鍵。

## 第九章　你的金錢語言，決定你能走多遠

### ➡ 語言習慣的養成與重寫機制

語言是一種習慣，而習慣的改變需要有意識地重寫。實務上，可以先觀察並記錄自己常用的五句金錢語言，逐一改寫為更具開放性的說法，這既是語言訓練，也是對潛意識的再編碼過程。因此，若想改變與金錢有關的命運，必須先觀察自己的語言使用習慣。最簡單的起點是「減少否定語句」與「增加選擇性語言」。舉例來說，將「我一定做不到」改為「我還不熟悉這件事，但可以學習」，這種微調不只是措辭的改變，更是心智模式的調整。此外，寫下你經常講的五句金錢語言，然後一一改寫它們，這不僅是語言訓練，更是對潛意識的一種再編碼過程。當新的語言開始穩定出現在日常生活中，你會發現自己對金錢的情緒、決策與風險感受，將產生明顯的變化。

### ➡ 語言是一種選擇，而選擇就是改變的起點

語言不只是描述世界的方式，更是創造世界的途徑。當我們說出「我很窮」、「我不會理財」這些話語時，實際上正在預設一種人生腳本，並反覆向大腦強化這個版本的現實。唯有從語言開始覺察，才能鬆動那些根深蒂固的金錢信念模式。請記得，語言具有可塑性，而我們對語言的選擇，就是對未來可能性的選擇。當你開始用開放式、積極式、探索式的語言與自己對話，不只是換了說法，更是開始訓練自己成為有能力駕馭金錢的人。

語言之於命運，就如同種子之於樹木 —— 你播下的是什麼，就會長出什麼樣的結果。

## 第二節　你的潛意識怎麼說，錢就怎麼對你

### ➡ 語言即框架：潛意識如何映照金錢現實

當我們談論「潛意識與金錢的關係」時，往往忽略語言在其中扮演的關鍵角色。語言是潛意識感知現實的界面，當你說「錢很難賺」、「我不是有錢命」這類話時，其實你正在替潛意識畫出一幅受限的現實圖像。關於注意力與心智開放的研究（例如艾倫・蘭格的相關工作）提醒我們：重複的語言提示容易被內化為預設規則；因此，當語言長期描繪的是局限，潛意識就會朝那個框架行動。這也解釋了為何一個人即使環境改善、收入增加，仍可能停留在「貧窮焦慮」中。不是外在環境沒變，而是潛意識仍活在過往語言形成的框架裡。語言成為內在劇本，潛意識則依這劇本行動。

### ➡ 思維模板的形成：潛意識的選擇性接收

潛意識不像意識那樣能夠邏輯推理，它偏好模式化、重複性與簡單語意結構。因此，你日常語言的頻率與情緒強度，會

## 第九章　你的金錢語言，決定你能走多遠

大幅影響潛意識對現實的認知選擇。我們多數的日常反應是自動化與習慣性的（可對照「系統一／系統二」的雙系統觀點），因此語言的「頻率」與「情緒強度」，會強烈影響我們的慣性選擇。換言之，如果你的語言模式充滿匱乏、否定與恐懼，潛意識會將這些訊息內化為「這是我們熟悉的狀態」，並主動協助你回到那個狀態。這就是為什麼有些人賺了錢卻又很快花掉，因為潛意識無法接納「財富留下」的選項，它只願意讓你待在熟悉的缺乏之中。這是一種心理上的「選擇性過濾」，語言是開關，信念是濾鏡，行為只是結果。

### ➡ 金錢語言的隱性命令：你怎麼說，潛意識怎麼做

　　許多語句看似中性，實則帶有強烈命令性。當你說「我這種人怎麼可能有錢」、「錢總是很快就不見了」時，其實你正透過語言對潛意識發出操作指令。潛意識沒有判斷對錯的能力，它只知道重複與情緒強度，因此每一次強烈講出一種金錢困境的描述，都是一次「預演失敗」。根據心理語言學的研究，語言中的「自我歸因詞彙」尤其容易進入潛意識，形成身分認同。也就是說，「我就是一個不懂錢的人」這類說法，不只是描述，更是在定義自己。這種語言會讓潛意識調整你對金錢資訊的反應方式，例如：避開財務討論、忽略儲蓄機會，甚至主動破壞原本穩定的經濟狀況，只為了回到「自我設定」的角色裡。潛意識聽的不是事實，而是你說的語調與重複的邏輯。

第二節　你的潛意識怎麼說，錢就怎麼對你

## ➡ 潛意識重新編程：從語言轉換開始

要讓潛意識改變對金錢的態度，語言的轉換是必要起點。這不是單純的正向思考，而是具備策略性的語言重寫。首先，停止使用絕對化語言，例如「我永遠存不了錢」、「我從來都搞不懂投資」等，這些語言會讓潛意識認定你的行為模式已定型。改為說「我正在學習如何儲蓄」、「我對理財越來越有興趣」，這些語言讓潛意識感受到變化與成長是安全的。接著，導入選擇性語言，例如「我選擇今天不花這筆錢」、「我允許自己對金錢保持開放態度」，這些語言建立起新的行為選項。最後，讓語言成為習慣，透過日記、朗讀或靜心冥想的方式，讓這些新語言訊號反覆進入潛意識。這些看似簡單的改變，實際上是在進行潛意識的重新編程，從語言開始撬動行為的轉折。

## ➡ 潛意識是聽話的執行者，不是批判的旁觀者

潛意識不會懷疑你的語言是否誇張，也不會分析你是否開玩笑，它只會忠實地記錄、執行並維護你重複說出口的那一套世界觀。當你說「我不是理財的人」，它就會努力讓你錯過所有理財的可能；當你說「錢不屬於我這種人」，它就會在你收入增加時創造破財的情境。你越常這麼說，它就越認真執行這些命令。因此，真正的財富轉變，不只是銀行存款的變動，而是潛意識劇本的重寫。而語言，是你手中最強大的編輯工具。當你

開始說出允許、接納、學習、調整、選擇這些關鍵字,你正在一點一滴教會潛意識怎麼與錢和平共處。別低估語言的力量,它就是你與潛意識之間的密碼鑰匙。

## 第三節　三種會縮小財富可能性的語言模式

### ➡ 匱乏語言:強化貧窮感的心理陷阱

「我沒錢」、「我又要撐到月底了」、「有錢人跟我們不同世界」這類話語,在日常中似乎再平常不過,卻是匱乏語言的典型代表。這種語言不只反映出經濟現況,更會強化「我與金錢是分離的」這個潛意識核心概念。匱乏語言不會讓你比較務實,反而會讓你的大腦進入資源警戒模式(scarcity mindset),使你只專注於短期困境,失去對長期規劃與創造的能力。根據行為經濟學家森德希爾‧穆拉伊特丹(Sendhil Mullainathan)與埃爾達‧沙菲爾(Eldar Shafir)的研究,長期處在匱乏語境中的人,即使資源改善,也會持續出現決策能力下降、時間感扭曲與焦慮過剩的現象。換句話說,語言創造了匱乏的心理空間,而非反映事實本身。當你長期說「我不行」、「我窮」、「我只能這樣」,實際上是將未來所有的財富可能性一一關上。

## 第三節　三種會縮小財富可能性的語言模式

### ➡ 責怪語言：把金錢困境外包給他人的習慣

「都是社會不公平」、「父母沒給我資源」、「臺灣薪水太低」這類語言聽起來像是陳述，但其實是一種責怪機制。責怪語言的核心特徵是將「自己對金錢的責任」轉移出去，透過語言去指責制度、他人或環境，暫時獲得心理上的釋放。問題是，當你習慣於用語言去指控世界，潛意識就會默認：「我無能為力」，也因此不再搜尋任何可能改變的空間。根據心理學家班度拉（Albert Bandura）提出的自我效能感理論，若一個人長期處於責怪語言的使用模式，其內在的行動信念會下降，進而削弱改變行為的動機。你不再試圖建立副業、學習新技能、談加薪，因為你已經說服自己「沒用」。語言決定了你在哪裡設下行為的界線，而責怪語言，正是將所有界線畫在自己無法觸碰的遠方。

### ➡ 絕對語言：讓改變無法啟動的語言封印

「我永遠不懂財報」、「我一輩子都做不到投資」、「我從來沒成功過」這類語言使用了絕對化詞彙，如「永遠」、「一輩子」、「從來沒有」，這些詞彙對潛意識來說，是強烈的封印訊號。絕對語言會讓潛意識誤以為未來沒有變動可能，於是直接跳過「學習」與「探索」的可能性。研究顯示，當語言使用越是極端與封閉，大腦對新資訊的接納度會下降，甚至出現「認知關閉」（cognitive closure）的傾向，也就是思考自動停滯。這正是為什麼很

## 第九章　你的金錢語言，決定你能走多遠

多人面對金錢教育時感到抗拒，不是他們真的學不會，而是語言已經幫他們鎖死了學習的入口。打破這種封印的第一步，是從語言中移除絕對詞，轉而使用「目前還不熟」、「我願意慢慢理解」、「我需要幫助」這類具有開放性的語句，為潛意識釋放出行動的空間。

### ➡ 語言情緒強度：放大金錢焦慮的內在擴音器

除了語句本身的結構，語言所承載的情緒強度也會大幅影響其對潛意識的影響力。當我們在焦慮、羞愧、恐懼的情緒中說出金錢相關語言時，這些語句會被潛意識以更高優先順序記錄下來，形成情緒化的「情境信念」。例如你在一次失敗的投資後大喊「我永遠不要再碰股票了」，這句話可能就被潛意識儲存為「金融等於危險」，從此封鎖你所有未來與投資有關的行動。心理學中稱之為「情緒記憶」，其威力遠高於平靜語態下所建立的信念。要修復這類語言對潛意識造成的傷害，需先建立一種低情緒張力的語言練習環境，例如在散步時輕聲自語、冥想中默念金錢肯定語，或透過書寫釋放焦慮，讓潛意識重新接收溫和且開放的語言訊號。這樣的語言方式不只是療癒，更是重建對金錢安全感的過程。

➡ 改變從辨識語言開始，轉化從選擇語言發生

要翻轉金錢命運，不需要一夕致富或擁有高超理財技巧，反而是從一句話的選擇開始。當你能夠辨識自己是否在使用匱乏語言、責怪語言或絕對語言時，你已經站在改變的門檻。語言是一種選擇權，也是行動的起點。下一次當你準備說出「我做不到」時，先暫停一下，換成「我正在找方法」；當你想說「這社會太難了」時，改為「我還能做什麼來調整自己的處境？」這些語言上的小轉變，不只是換句話說而已，而是在重寫你潛意識的運作邏輯。別忘了，語言創造信念，信念創造行動，行動形塑命運。而這一切，都從你願不願意改寫下一句話開始。

## 第四節　每天一次的金錢覺察練習

➡ 金錢語言掃描：先看見，才能修正

大多數人從未真正留意過自己每天說出的金錢語言。這些語言包含了價值觀、信念、焦慮與欲望的混合體，一旦變成自動化模式，就會深植潛意識，主導行為而不自知。因此，金錢語言的覺察並非偶一為之的反思，而應成為每日固定的心智練習。這項練習的第一步，就是對自己一天中與金錢相關的所有語言進行「掃描式記錄」。你可以在手機記事本中快速寫下今天

## 第九章　你的金錢語言，決定你能走多遠

說過的語句，例如：「這太貴了吧」、「我好像又破產了」、「這種工作怎麼可能賺大錢」等，不帶批判地記錄下來，目的是看見語言背後的模式。根據臨床心理學觀察，語言掃描能有效提升元認知（metacognition），讓你有能力「觀察自己的思考」，這是心理轉化的起點。

### ➡ 每日語言回顧：讓潛意識開始鬆動

在你完成語言掃描後，建議每天撥出五分鐘時間進行語言回顧。回顧的方式並不複雜，只需閱讀自己記錄下的語句，並自問：「這句話對我現在的金錢目標有幫助嗎？」、「這句話反映的是事實，還是情緒？」這樣的提問能促使大腦啟動系統二思維（System 2 thinking），跳脫直覺反應，進入有意識的思考。只要在情緒語言出現後，刻意啟動「再評估／再標定」（reappraisal）並把注意力切入較慢的系統二思考，就能降低語言對潛意識的牽引力。這種語言回顧的練習，不在於立即取代語言內容，而是逐漸建立對話語的覺察與選擇能力。長期而言，潛意識會因覺察頻率的提升而鬆動原本僵固的金錢信念，這正是語言轉化的核心過程。

### ➡ 正向語言輸入：替換語句不如練習語態

有些人嘗試改變金錢語言時，會直接從負面語言跳到強烈正向語句，例如將「我沒錢」改為「我非常富有」。這種跳躍式

的轉換看似有用，實則容易引起內在抵抗，因為潛意識不認同這樣的語言，反而導致認知衝突。更有效的方式是採用過渡語態，建立語言的漸進性。例如將「我沒錢」改為「我正在學習如何讓金錢更穩定地流入」，或將「我不會理財」改為「我正在了解我的花費習慣」。這樣的語言介於描述現況與開啟可能之間，更容易被潛意識接受。語態的調整比語意的強度更重要，因為潛意識關心的是一致性與可接受性，而非用詞華麗與否。正向語言的重點不是假裝美好，而是保持真實又開放的心態說話。

## ➡ 替代語言清單：建立你專屬的金錢語彙庫

要讓金錢語言的轉化更具持續性，建立一份「語言替代清單」將大有幫助。這份清單包含你日常中常用的限制性語言，以及對應的開放性版本。例如：將「我不敢談價錢」轉為「我正在練習如何表達自己的價值」；將「我不值得有這種生活」轉為「我正在學習如何接納更豐盛的自己」。這些替代語句可以寫在記事本、手機提醒，或貼在鏡子旁邊，每天唸一次。語言轉化的本質並不是「會不會說漂亮的話」，而是「能不能用穩定又開放的語氣和自己對話」。一旦這些替代語言成為你內在對話的素材，你的行為也會開始對應這些新的語言設定。語言清單的目的，是讓你隨時有得選，而非只能回到舊的語言反射。

第九章　你的金錢語言，決定你能走多遠

### ➡ 語言練習是對潛意識的再教育

每天一次的金錢語言練習，不只是提升自我察覺的工具，更是一種心理再教育的歷程。當你願意用新的語句與自己對話，你其實正在對潛意識說：「我們可以選擇新的路徑」。語言是習慣，而習慣可以透過練習改變。每天只要五分鐘的語言掃描、語言回顧、語句替代與正向語態練習，不需要任何資源或專家指導，就能一點一滴鬆動過去的金錢限制。語言不是裝飾，而是通往行動的通道。當你的語言改變，你會發現自己對金錢的反應開始變得從容、具彈性，甚至更有創造力。真正的財富自由，不是銀行存款的數字改變，而是你面對金錢時，語言的質地已經改變。

## 第五節 「我值得富有」的語言與心理儀式

### ➡ 自我價值與金錢允許的連動關係

在潛意識的深處，多數人其實並不相信自己「值得」擁有財富。這並非出於能力不足，而是來自內在價值感的匱乏。心理學研究指出，一個人對自我價值的評估，會直接影響其對金錢流入的接受程度。當你認為自己不夠好、不夠努力、不夠聰明時，即使財富機會出現，你也可能下意識排斥它。這種狀況

## 第五節　「我值得富有」的語言與心理儀式

並非偶然，而是由潛在的「不配得感」驅動。這種感受經常以語言形式表現出來，例如「我怎麼可能過那種生活」、「這不適合我」、「我沒那個命」。這些語言不僅顯示出金錢認同的缺失，更強化了一種深層心理阻力，讓個體難以真正允許自己接受財富、享受豐盛。

### ➡ 語言儀式的作用：向潛意識下達新的許可令

語言儀式指的是一種結合語言重複與心理暗示的練習，目的是在潛意識中建立新的認同指令。根據自我肯定理論（self-affirmation theory）與相關研究，重複而具意義的自我陳述在放鬆與專注的狀態下更容易被內化，進而影響後續選擇與行為。這樣的語言儀式不僅是朗讀句子，更是刻意營造語境與情緒的整合練習。例如：你可以每天早上起床後，站在自然光源下，輕聲說出：「我值得富有，我允許自己擁有更多。」這樣的語言不只是口號，它是一種信念的更新，是給潛意識的具體指令。當語言與情緒同步時，潛意識會以更高的接收度儲存這段訊息，並在未來的選擇與行為中，開始以「值得的人」來定義自己。

### ➡ 儀式設計的五個核心元素

要讓語言儀式發揮最大效益，需包含五個關鍵元素。第一，語境清晰：選擇一個安靜、不受干擾的環境，讓潛意識能專注接收。第二，語句簡潔：語言要具備節奏感與重複性，例如「我

## 第九章　你的金錢語言，決定你能走多遠

值得」、「我允許」、「我選擇豐盛」，避免冗長或多義語彙。第三，情緒引導：進行語言儀式前先進行深呼吸或簡單冥想，讓身心進入接收狀態。第四，身體參與：可加入輕拍胸口、站立、舉手等簡單動作，提升身體記憶與語言連結。第五，定期重複：每天固定時間、固定句式，讓潛意識透過規律重複形成穩定記憶軌跡。這五個元素的結合，不只是說一句話這麼簡單，而是構築一場與潛意識的對話儀式。

### ➡ 拆解內在抗拒：覺察「不配得感」的語言表現

在語言儀式啟動前，許多人會遭遇「語言說不出口」或「說了覺得尷尬」的內在抗拒。這些反應其實就是「不配得感」的自我防衛機制。心理防衛系統會透過語言否定、情緒閃避與理性分析等方式，阻擋語言儀式的滲透效果。例如當你說出「我值得富有」時，腦中可能會出現「但我還負債」、「我怎麼配說這種話」等反彈念頭。這些語言反應其實是過去匱乏經驗所建立的保護機制，目的在於避免失望與批判。面對這些抗拒，不需壓抑或否認，而是溫柔地接納它們的存在，然後重新選擇語言。例如：「我願意嘗試相信我值得富有」、「即使我還不完全相信，我也願意練習」。這樣的語言不強求立即改變，而是建立過渡帶，讓潛意識有空間重新調整。

### ➡ 允許自己富有，是一種心理的成熟

從「我想變有錢」到「我允許自己富有」，中間差的是一整套內在認同系統的調整。許多人擁有賺錢的能力，卻始終無法累積財富，不是技巧不夠，而是潛意識尚未允許自己接收、保存與享受金錢。而語言儀式的作用，正是協助你在潛意識中下達新的允許指令。請記得，你說出口的每一句「我值得」、「我允許」，都是在解封舊有的匱乏語言，也是為你的人生加入全新的財富模組。讓語言成為你信念的橋梁，讓儀式成為你心理的門票。你無需等到財富來臨才開始感覺配得，你的語言本身，就是允許富有的起點。

## 第六節　為什麼你總是報不出口該有的價碼？

### ➡ 金錢對話焦慮的心理結構

在財務溝通的情境中，許多人會在需要開價、談薪或定價時出現語言卡頓，甚至完全說不出口自己認為合理的數字。這種現象看似技巧問題，實則與深層心理有關。心理學家指出，開價困難源自於兩個核心因素：一是自我價值感的低估，二是對衝突的迴避傾向。當你認為自己不夠資格賺取某個價碼時，就會在語言層面產生抑制效應，導致你在談判時自我縮小。此

外,對衝突的恐懼也會讓人避免開啟敏感話題,認為討論錢是一種對關係的威脅。這種心理結構會透過語言展現為「我再想一下就好」、「都可以啦,沒關係」等模糊回應,間接地放棄表達自己對金錢的期待。

## ➡ 社會化語言對自我價值表達的限制

從小到大,我們接受的語言教育往往強調謙虛、體諒、不要張揚,但很少教我們如何合理地表達自己的價值與需要。在臺灣文化中,對金錢的主動談論常常被視為不禮貌、不知足,甚至自私。這種語言環境逐漸讓人內化一套「不應該主動討論錢」的潛規則。結果是,即使在專業場合或理應為自己爭取合理報酬的情境中,也會下意識地選擇沉默、讓步或模糊表達。當這樣的語言模式被潛意識重複強化,便形成一種對價碼「不敢說、不能說」的心理禁區。學會開口不僅是技巧,更是一種語言解禁的過程:解除對金錢語言的羞愧感,讓自己能自然而坦然地說出自己的價值判斷。

## ➡ 價碼不只是數字,而是認同的標示

在潛意識層次裡,開出一個價碼,其實是一種對自我價值的公開認定。當你報出一個數字,你不只是說明費用,更是在說:「我認為我的知識、時間、經驗值得這個價格」。這樣的行為會觸動個體對自我價值的評估機制,也可能挑戰潛意識中「我

## 第六節　為什麼你總是報不出口該有的價碼？

夠格嗎」的基本信念。因此，報價的過程常伴隨焦慮、羞愧或恐懼，尤其是在沒有安全語言模型可供參照時，這種情緒反應更為劇烈。要改善這種情況，需從語言訓練入手，例如先在私密情境中練習報價語句，逐漸習慣以語言明確陳述價值。開價能力的養成，本質是語言與信念的同步更新：你必須相信自己值得，語言才能自然流動。

### ➡ 建立你的金錢表達語彙庫

為了提升開價與金錢溝通的能力，可以從建立個人金錢語言表達庫開始。這份語彙庫應包括：描述價值的語句（例如：「這個方案包含三階段設計與專屬顧問，報價是⋯⋯」）、引導討論的語句（例如：「我們可以討論雙方都舒適的範圍」），以及設立界線的語句（例如：「這是我目前能提供的最低價格」）。這些語言模板不僅讓潛意識有依循，也能在真實情境中減少焦慮與臨場反應失控。透過每日練習這些句型，或與信任的人模擬對話，你的語言會越來越穩定，潛意識也會開始接納「我有能力談論金錢」這件事。語言提供的是一個框架，讓你能有根據、有節奏地說出你的價格，而不是情緒性的爆出一個數字後心虛退縮。

### ➡ 你對價碼的語言，就是你對自己的信任程度

報不出口價格的問題，不只是話說不清，更是自我信任感不足的語言反映。當你學會用語言穩定地傳達自己的價值，你

第九章 你的金錢語言，決定你能走多遠

會發現那不只是商業溝通技巧，更是一種自我肯定的實踐。你報的不只是價碼，而是你對自己價值的確認。請記住，每一次開口說價，都在重建你與金錢的關係。練習開價，不只是練習說數字，而是練習相信自己值得。從語言開始，讓報價不再是難關，而是你的價值發聲。

## 第七節　讓錢替你工作，是思維的重設，不是工具的堆砌

### ➡ 工具焦慮：你不是少一個 App，而是少一種思維

在金錢管理領域，現代人經常陷入一種「工具依賴幻覺」，也就是誤以為只要找到正確的理財 App、財務顧問或新式投資法，就能一勞永逸地擺脫財務困境。然而，真正阻礙金錢運作的，往往不是工具的缺乏，而是底層思維尚未重設。心理學家丹尼爾・康納曼（Daniel Kahneman）指出，人類對金錢的感知與行動常受情緒與啟發式影響；各式工具充其量只是介面，若底層思維不更新，工具只會把原有模式放大。當你沒有重建自己對金錢角色的理解、沒有釐清「錢該為我做什麼」，再多工具也只是讓焦慮變得更高效。若想真正讓錢開始替你工作，首要之務是重新設定你的金錢思維系統，而不是尋找更炫的技術外殼。

第七節　讓錢替你工作，是思維的重設，不是工具的堆砌

## ➡ 金錢角色清單：讓錢開始動起來的設計起點

想像一下，如果你手邊每一筆錢都是一位工作夥伴，它們各自肩負任務，等待你下達明確的行動指令。這便是「金錢角色清單」的核心概念。傳統理財常強調預算與分類，但這樣的方式容易淪為記帳壓力，久而久之便放棄。相對而言，思考每筆錢該扮演什麼角色，能更清楚地喚起主動分配與創造的能動感。例如：這筆錢是我未來六個月安全感的後盾，那筆錢是我拓展職涯的助力，另一筆是我健康與休息的資源。當你開始為金錢設計角色，語言與思維便不再停留在「存」或「省」，而是轉向「使用」與「創造」。金錢角色清單不只是一種結構，更是幫助潛意識理解「我有權主導金錢行動」的語言訓練工具。

## ➡ 目的導向 vs. 工具導向：重新建立金錢互動邏輯

工具導向的思維容易讓人誤以為只要「找對方法」，問題就會自動解決。但目的導向的思維則反過來問：「我希望錢為我完成什麼事？」這個問題會把焦點從外在工具移回內在願景。當你聚焦在「我想讓錢創造自由」、「我希望金錢能支持我建立平衡生活」這類目的時，你的行為就不再被短期利率、資訊焦慮與績效比較綁架。目的導向會催生更有彈性的語言與結構設計，例如：「我將設定一筆探索資金，專門嘗試新專案」，或「我安排一個財務儲備專區，用來對抗突發事件」。這些語言不是被動反應，而

## 第九章 你的金錢語言,決定你能走多遠

是主動設計,也才能真正打開讓錢運作的空間。最終,當你習慣用目的語言思考,你將逐漸養成把每筆錢看成行動者而非障礙物的金錢態度。

### ➡ 從工具堆疊到系統思維的轉換歷程

很多人落入金錢管理困境,不是因為不努力,而是誤以為堆疊更多工具就能換來秩序。於是手帳、試算表、理財社團、行事曆、財務 App 一併上場,但依舊無法改善混亂感。這是因為缺乏的是「系統邏輯」,而非資源匱乏。系統思維強調的是邏輯一致性、角色協同與目的對應。例如:你的投資行為應該回應的是「資產成長」這個角色,而不是單純追求短期報酬;你的消費應該對應的是「情緒舒緩」或「生活品質提升」,而不是填補焦慮。當你開始用系統語言定義金錢行為,你會發現所有行動都不再是孤島,而是彼此串聯、互相支援的網絡。語言會幫你把混亂的財務片段,轉化為有節奏、有目的的金錢結構,這正是「讓錢替你工作」真正的起點。

### ➡ 你不需要更多工具,而是一套新的語言思維架構

回顧這一節,最大的轉折點其實是語言:你如何稱呼金錢、如何描述金錢的用途、如何設計金錢的行動結構。語言不只是說話的工具,更是思維模式的建構藍圖。當你從「我該下載哪個

## 第七節　讓錢替你工作，是思維的重設，不是工具的堆砌

App」轉向「我想讓錢幫我實現什麼」，你已經邁出了財務自主的重要一步。讓錢替你工作，不是數位工具的堆疊遊戲，而是語言與思維的協奏。當語言對齊思維、思維設計出結構，你的金錢就會開始流動、配合並回應你的設計。這正是你與財富開始互動的真正出發點。

第九章　你的金錢語言，決定你能走多遠

# 第十章
# 設計你的財務心理系統，讓錢流進來

# 第十章　設計你的財務心理系統，讓錢流進來

## 第一節　你的金錢困境背後，其實是信念困境

### ➡ 表象困境背後的心理劇本

多數人在面對金錢困境時，往往將焦點放在表面現象：收入太少、花費太高、存不了錢。然而，真正讓金錢陷入混亂的往往不是數字本身，而是那些隱藏在背後的信念系統。根據認知行為治療的理論，人類對金錢的態度，不僅來自理性分析，更深受早年經驗、情緒記憶與文化暗示所形塑。這些信念像是看不見的劇本，默默主導著我們的金錢行為。你可能從小聽過「錢很髒」、「賺錢很辛苦」、「有錢人都很自私」這類話語，而這些話雖然只是家庭對話中的一部分，卻成為你潛意識中對金錢的基本認知框架。

### ➡ 潛意識模組如何形塑金錢行為

心理學常談的「核心信念（core beliefs）／圖式（schemas）」，是一套內化後自動運作的心理結構，它會影響我們怎麼看待、使用與界定自己是否「配得」金錢。這些模組通常不在我們的意識層面，而是隱藏在潛意識中。例如：當你內在深處認為「我不配擁有豐盛生活」，那麼即使你努力賺錢，也可能透過過度消費、不記帳、逃避理財等行為，把錢「排擠」出去。這並不是行為問題，而是心理結構使然。核心信念就像是金錢行為的程

式碼，如果不先調整底層指令，再多的金錢技巧也無法發揮作用。這也是為什麼許多人明明學了投資、閱讀了理財書籍，實際財務狀況卻依然沒有改善。

## ➡ 限制性信念的語言徵候

你怎麼說金錢，其實透露了你怎麼想金錢。語言是潛意識的出口，也是信念的反映器。當你經常說出「我天生就不會理財」、「錢留不住我」、「我這種人不適合做生意」這些語句時，實際上是在強化某種限制性信念。這些語言表面看起來只是情緒抒發，實則是在對潛意識一再輸入相同的劇本。心理語言與認知研究指出，重複的自我陳述會強化既有的語意連結，讓對應的反應路徑更容易被啟動。若你想要重新塑造與金錢的關係，第一步就是觀察自己最常說出口的語句，並反思那些語句背後是否藏著讓你卡在困境中的核心信念。

## ➡ 信念鬆動的三個起點

要拆除限制性核心信念，並非一蹴可幾，但可以從三個面向逐步著手：第一是辨識，認清哪些語言與想法在強化舊劇本。這需要透過書寫、語言日誌或與他人討論的方式，把平常下意識說出的話具體化。第二是質疑，針對這些語言進行反思與挑戰，例如「真的所有生意人都自私嗎？」、「我真的永遠不會理財嗎？」這樣的問句能激發潛意識尋找新的路徑。第三是替代，將

## 第十章　設計你的財務心理系統，讓錢流進來

原有語言逐步轉化為更開放的版本，例如「我還在學習如何管理金錢」、「我願意讓自己開始儲蓄」。這三個步驟構成了信念鬆動的語言重構過程，也是在心理上為財富流動開出新的道路。

### ➡ 真正的金錢自由，從心理解封開始

你今天遇到的財務問題，未必只是錢不夠，而可能是「不相信自己有能力讓錢流進來」。核心信念就像是你看世界的濾鏡，若這片濾鏡將金錢視為威脅、視為罪惡、視為難以親近的存在，那麼即使財富來到你眼前，你也可能看不見、抓不住，甚至下意識拒絕它。真正的財務自由，不只是一張報表的改善，而是內在信念從限制轉向允許。你允許自己過好生活、允許自己收取報酬、允許自己設定財務界線，這些心理上的「鬆綁」，才是金錢流動的真正起點。從今天開始，別只看你銀行帳戶的數字，試著也看看你的語言、信念與心中那套隱藏的金錢劇本，因為答案，其實一直在那裡。

# 第二節　不是亂花，而是你根本沒有花錢系統

### ➡ 錯把行為當問題，其實是系統失靈

許多人以為自己的財務問題來自於「亂花錢」，但實際上，大多數人並不是消費欲望太強，而是根本沒有設計好自己的花錢系統。所謂花錢系統，指的是一套關於「怎麼花、何時花、為何花」的內在邏輯與外在規劃。當這套系統不存在時，即使每筆花費都看似合理，總和卻可能失控。這種混亂感並非來自單一行為，而是缺乏結構性規劃的結果。心理學家司馬賀（Herbert Simon）指出，人類在複雜環境中做決策時，常依賴簡化原則與習慣反應，若沒有明確框架，就會回到「即興反應」的消費方式。因此，與其批評自己花太凶，不如先問：「我有沒有一套支出規則？」

### ➡ 消費習慣與支出結構的隱形關係

每個人都有消費習慣，但不一定有消費結構。舉例來說，有人習慣在壓力大時花錢，有人則在社交場合過度消費，有人則對於折扣與限時優惠難以抗拒。這些習慣如果沒有放進清楚的支出結構中，最終會讓人覺得財務失控、焦慮與懊悔。更嚴重的是，許多人將這種情緒歸因為「我沒自制力」，進而進一

## 第十章　設計你的財務心理系統，讓錢流進來

步否定自己。然而，研究顯示，消費行為本質上是一種模式反應，只要搭配明確的支出分層與預設配置，就能有效降低衝動消費的頻率。支出結構的建立，可以從「固定支出、彈性支出、偶發支出」三類開始，並逐步導入目的性設計，讓每一筆花費都對應到生活價值，而非情緒反射。

### ➡ 建立花錢前的內在停頓點

想要讓花錢更有邏輯，第一步不是強迫節制，而是創造「內在停頓點」。這個停頓點是一種心理緩衝機制，幫助你在消費前多出 3～5 秒的覺察時間。這段時間不需要進行深度分析，只要問自己一句話：「這筆花費對我現在的目的是什麼？」就能切換到較慢的「系統二」思考，降低情緒性消費的風險。透過練習內在停頓，你會發現自己其實不是真的想買某樣東西，而是想逃避某種感覺或壓力。長期進行這項練習，也能建立對花錢行為的元認知能力，讓你逐漸形成「我可以選擇如何花錢」的掌控感，而非一味被外在誘因牽著走。

### ➡ 系統化花錢：設計三層金錢分配架構

為了讓花錢行為不再隨機且焦慮，可以設計一套屬於自己的三層金錢分配架構。第一層是「基本需求帳戶」，用來處理生活必需支出，如房租、食物、水電等。第二層是「目的帳戶」，

## 第二節　不是亂花,而是你根本沒有花錢系統

將特定金額分配給短中期目標,如旅行、學習、健康等。第三層是「享樂帳戶」,這是給自己自由使用、不需罪惡感的資金,專為提升生活品質與情緒回饋所設。這三層系統的重點不在於比例完美,而是讓每一筆錢都有對應的位置與意圖。當錢的用途被具象化,花費也不再是焦慮來源,而是自我照顧與價值實踐的一部分。這種架構同時也是潛意識再教育的工具,透過反覆使用,引導大腦學會以秩序與目的處理金錢。

### ➡ 花錢不是敵人,而是系統的反映

你不是亂花錢,你只是沒有一套屬於自己的花錢系統。真正的財務自律不是壓抑欲望,而是透過語言、結構與預設,讓金錢的使用成為自我認同的延伸。當你設計好每一筆支出的目的與位置,你會發現自己開始享受花錢的過程,而不是害怕它。更重要的是,這樣的設計讓你不再把錯怪罪在自己「太衝動」、「太軟弱」上,而是理解:系統設計不足才是問題核心。從今天開始,請你允許自己花錢,但用一套新的語言與架構。因為當你開始擁有掌控感,花錢也能成為一種力量,而不是風險。

第十章　設計你的財務心理系統，讓錢流進來

## 📎 第三節　你不是只有「消費者」這個身分

### ➡ 單一身分的金錢框架限制了你的可能性

在當代經濟文化中，許多人被默默地訓練成「只會花錢的消費者」，而非能主動設計金錢結構的創造者。媒體、社群、行銷語言不斷告訴我們該買什麼、該升級什麼，卻很少引導我們思考：「我的金錢還能有其他角色嗎？」當你只把自己定位成消費者，你的語言、選擇與信念也會局限在「我該買嗎？」、「這划算嗎？」這類窄化的問題中，無法發展出更高階的金錢行為思維。這種單一身分的設定會造成金錢焦慮、財務無力感與長期的掌控缺失。真正的財務自由，必須從身分框架的重建開始，讓你從消費者晉升為策劃者、分配者、創造者與守護者。

### ➡ 金錢角色的多元組合：
### 　　設計屬於你的金錢身分清單

你可以是一位消費者，也可以是一位價值創造者、儲蓄設計者、資源流向規劃師，甚至是金錢情緒的療癒者。這些角色不是財務職稱，而是一種心理定位。這可視為一種「多重角色認同」的擴張──當個體對自我功能的定義更為多元，行為上的彈性與創造力也會提升。你可以嘗試寫下「我在金錢世界中有哪些身分？」並針對每一身分設定具體語言與任務，例如：「我是

創造價值的自雇者,我會把 10% 收入投入再學習」或「我是家庭資源分配者,我會為家人安排三個月儲備金」。這不只是標籤,而是一種主動性養成。當你能以多元角色面對金錢,你的語言將不再只是「夠不夠花」,而是「我要如何部署與優化」。

## ➡ 拆解「只有花錢才有用」的隱性信念

現代社會中普遍存在一種「消費等於參與」的潛在邏輯:不花錢好像就無法存在、無法跟上節奏。這種觀念讓許多人誤以為「錢要花出去才有價值」,從而忽略了保存、轉化與規劃的價值性角色。心理學家指出,這種「立即兌現」的思維模式來自於短期獎賞驅動,會讓人失去延宕滿足的能力,也削弱了長期財務設計的思維耐力。若想跳脫這個框架,需先從語言下手,例如將「我想買這個」轉為「我想透過這筆資源完成什麼事?」這樣的語言不只轉換動機,也強化了自我對金錢配置的掌握感。你不是只能把錢花掉,你還能讓錢流向成長、安全與未來。

## ➡ 多元金錢身分如何轉化行為習慣

當你建立起多元金錢角色認同後,會發現自己的日常行為也開始改變。從原本的衝動消費者,轉變為有預設節奏的規劃者;從只關心花費的使用者,成為會定期檢視資源流向的管理者。這不需要外在強迫,而是語言與身分認同內化後的自然轉變。例如:當你用「我是金錢守護者」自我定義時,你會更在意每

月是否有預留風險準備金；當你以「我是價值交換者」自我描述時，你在開價與談判時就不再退縮。這些轉變不是技巧問題，而是信念與語言重構所帶來的行為升級。金錢身分越豐富，你的財務生命也就越完整。

## ➡ 重新定義自己在金錢世界的身分位置

你不是只有一種金錢身分，而是擁有完整能力組合的財務行動者。當你不再只用「買或不買」定義與金錢的關係，你才開始真正進入金錢設計的世界。身分的重建，不只是一種認知調整，更是一種行為轉換的起點。你可以是一位創造者，也可以是協商者、保護者、設計者。從今天開始，請讓語言替你鋪路，透過說出「我是……的金錢角色」，逐步取回對財務人生的主導權。記住：角色越多，資源越豐富，而這一切的起點，就是一個身分的重新定義。

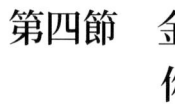

## 第四節　金額不同、目的不同，你的反應也該不同

### ➡ 用一種方式處理所有錢，是心理誤解

多數人在處理金錢時，常習慣用單一反應模式應對所有財務情境──不論是領到獎金、支付帳單、準備旅費，心態與

第四節　金額不同、目的不同，你的反應也該不同

語言幾乎如出一轍：「小心用就對了」、「能省則省」、「這錢要撐久一點」。這種單一反應模式，會讓潛意識誤以為「所有錢都一樣」，進而無法辨識不同金額與目的背後的心理需求。心理學研究指出，人類的風險評估與決策方式，會因金額多寡、來源不同而產生明顯改變。舉例而言，我們對意外之財與辛苦收入的使用邏輯就完全不同，這並非理性缺陷，而是心理分帳效應（mental accounting）在作祟。因此，要讓財務行為更具彈性，必須打破「錢就是錢」的僵化思維，轉向目的導向與金額分層的設計方式。

➡ 模組化處理金錢：建立彈性與秩序的橋梁

所謂模組化金錢處理，指的是將不同金額、來源與使用目的的資金，事先分類為特定「處理模組」，讓你面對金錢時不再從零開始思考，而能套用既定反應結構。這些模組就像是心理回應範本，能有效降低臨時決策的焦慮與誤判風險。舉例來說，你可以建立「日常固定支出模組」、「不定期大筆支出模組」、「情緒性消費模組」、「成長與投資模組」等。每個模組包含三要素：語言指令（例如「這是我的長期布局資金」）、時間策略（例如「這筆錢的運用週期是三年」）、與心理定位（例如「這筆錢代表我對未來的信任」）。模組化的好處不只是理財上的清晰，更是心理上的安定，因為你不再臨時反應，而是根據設計做出回應。

## 第十章　設計你的財務心理系統，讓錢流進來

### ➡ 金額層級感：讓每筆錢都有自己的存在邏輯

不論是十元、一千元或十萬元，每筆錢對你的心理意義都可能不同。當你能依照金額層級建立不同的「處理儀式」與「語言模式」，你就不會對所有財務事件產生相同焦慮。例如：小額支出可以設計為快速決策模組，中額支出則需經過 24 小時思考期，大額支出則需進入「雙重確認流程」。這些不只是金額上的制度，更是對潛意識的再教育。透過明確的層級設計，你教會自己「面對不同規模的金錢，我有不同的處理能力」，進而避免在某些金額上過度恐慌，在另一些金額上過度放鬆。層級感創造了心理空間，也讓財務管理從緊繃與逃避，轉化為節奏與秩序的對話。

### ➡ 語言與心理迴路的協作設計

當你決定為不同金額與目的設計模組時，請同時為它們搭配一套語言系統。語言不只是說法，更是你對金錢意義的「標籤工具」。你可以為某一筆錢設定：「這是我的成長燃料」、「這是未來的備援盾牌」、「這是當下的幸福獎金」。這些語言不僅能幫助你快速辨識，也會影響你與金錢互動時的情緒反應。研究與實務經驗均顯示，為金錢賦予積極且具體的語言標籤，有助於降低焦慮與罪惡感，並提升決策穩定性。語言與模組是雙向設計：語言定義模組情境，模組回應語言行動。當這兩者同步運

作，你的財務生活會像一個有節奏的系統，而非充滿突發事件的混亂現場。

### ➡ 讓金錢反映你的意圖，而非你的焦慮

如果你總是覺得金錢難以駕馭，試著問問自己：「我是不是用同一種態度面對所有的錢？」財務自由從來不是錢多錢少的問題，而是你是否具備讓金錢根據情境流動的能力。當你開始用目的設計錢、用金額設定流程、用語言建立關係，你會發現金錢不是壓力源，而是一個你可以理解、合作與引導的資源。記住：每筆錢的存在都有一個理由，當你願意為它們設計角色、制定流程、給予語言，它們也將回應你更穩定、更有方向的財務狀態。從現在起，不要再用單一情緒處理所有金錢，而是開始建立屬於你的多元模組系統。

## 第五節　怎麼建立你的金錢焦慮應變 SOP？

### ➡ 金錢焦慮不是弱點，而是訊號

每當面對帳單壓力、收入不穩、突如其來的支出或是財務討論，大多數人都曾經歷一種難以言喻的焦慮。這種焦慮可能來自對未來的不確定、對失控的恐懼，或對過往財務失敗的自

## 第十章　設計你的財務心理系統，讓錢流進來

我否定。重點是，金錢焦慮不是你的個人缺陷，而是內在系統對「失衡訊號」所做出的反應。雙系統觀點與情緒優先處理的研究提醒我們：面對威脅與不確定時，人們往往先由直覺與情緒系統啟動防衛反應，若無應變結構，就容易以情緒臨時應對。若沒有應變結構，每次遇到財務壓力時，我們只能靠情緒臨時應對，久而久之，不僅讓財務問題惡化，還會讓自己掉入無助與自責的情緒循環中。

### ➡ 為什麼你需要一套「心理回應流程」？

大多數人擁有緊急醫療 SOP、工作危機處理流程，卻沒有一套針對金錢焦慮的心理應變 SOP。這使得每當財務問題浮現，我們就像電力短路般陷入混亂狀態。心理學中有個核心原則：「可預測性降低焦慮」。當你知道自己在財務焦慮來襲時該怎麼做，可預測性本身能降低情緒性反應的強度，並促使大腦切換到較慢的「系統二」來處理問題。這也意味著，建立一套可重複執行的金錢焦慮應變流程，不只是為了處理問題，更是幫助大腦回到穩定狀態的心理儀式。這個流程不需繁複，只需具備三個要素：覺察、穩定、行動。

### ➡ 覺察 —— 先認出焦慮的語言與反應

金錢焦慮來襲的第一步，是學會「認得它」。這包括語言上的線索（如「我怎麼辦」、「又不夠了」、「我撐不下去」）、身體

第五節　怎麼建立你的金錢焦慮應變 SOP？

上的訊號（如胃緊繃、頭痛、呼吸短促）以及行為上的反應（如無預警消費、逃避檢視帳戶、不回財務相關訊息）。覺察並不是要馬上解決焦慮，而是讓你有能力說：「我現在正在焦慮，不代表我就是無能。」這一聲明的語言效力極高，它能把焦慮從「我是問題」轉為「我正經歷一種情緒」，從而避免情緒全面接管行為。這也是 SOP 中最關鍵的第一步——讓你從焦慮中抽身，成為觀察者。

➡ **穩定——建立讓自己回到基準點的語言與行動**

當你意識到自己正處於金錢焦慮中，第二步是啟動「穩定機制」。這通常包括三項元素：語言、動作與環境。例如：你可以在筆記本或手機裡預設幾句「回穩語言」——如：「我現在不需要馬上解決一切，我先呼吸一下」、「這個狀況我有處理過，我也能再次處理它」。接著，加入一個簡單的身體動作，例如深呼吸三次、喝一口水、離開螢幕五分鐘。最後，移動到一個相對安靜或能讓你聚焦的空間，暫時切斷刺激源。這些步驟的重點，不在於解決問題，而在於讓神經系統重啟，從混亂中回到穩定的基準點。只有當你穩定下來，第三步的行動才會具備真正的效果。

➡ **行動——進入可執行且具結構的金錢回應**

進入行動階段時，請避免採取「拚命補破洞」的行為反射，而是回到一套清楚的金錢應對流程。這可能包括：檢視目前的

## 第十章 設計你的財務心理系統，讓錢流進來

帳戶餘額與短期支出清單、整理能暫時延後處理的項目、優先排序待解決項目。你也可以設定「可控行動清單」——例如：「今天只要先把三筆支出列清楚」、「撥一通電話詢問延期付款」、「設定下週一檢討財務狀況的時間」。這些小而明確的行動，會使大腦產生「我有選擇權」的認知感，進而降低焦慮濃度。請記得，行動不在於解決全部問題，而在於恢復主動權，主動權正是從語言與結構中產生的。

### ➡ 你不是要消滅焦慮，而是學會與它共處

金錢焦慮不會因為你變有錢就完全消失，它只是換了一種形式出現。關鍵不在於讓它不存在，而是你是否具備一套穩定的語言與流程，能在它來臨時回應它、安撫它、轉化它。建立金錢焦慮 SOP，就是給自己一套可依賴的心理流程圖。當你一次又一次使用這套系統，你的腦神經網絡就會學會：我不再只是焦慮者，我是焦慮中的指揮官。你不需要完美財務才有安全感，你需要的是一套能讓你在混亂中找回主控權的語言與行動。這就是財務心理成熟的關鍵分水嶺。

# 第六節　不穩定的財務節奏，讓你抓不住安全感

## ➡ 財務節奏是心理節奏的映射

很多人以為財務不穩是因為收入不固定、支出太多、計畫趕不上變化，卻忽略了背後真正的問題：你沒有一個穩定的「金錢節奏」。所謂財務節奏，不只是每月收入與支出的數字配對，而是你如何在心理上建立「可預期的金錢流動經驗」。當財務的流動缺乏節奏，你的身心也會陷入緊繃，進而失去對金錢的掌控感與信任感。心理學家布魯斯・麥克尤恩（Bruce McEwen）指出，相關壓力研究（如布魯斯・麥克尤恩的工作）強調：「可預期性與可控性」會大幅影響身心的壓力反應；當金錢流動缺乏節奏與可預期性時，防衛機制更容易被啟動。這也說明了為什麼很多人即使收入提高、資源增加，仍覺得焦慮未減，因為內在的節奏仍然失衡。

## ➡ 不穩定財務模式的五種心理表現

財務節奏失衡的人，常常出現以下五種心理表現：

- 一是「收入焦慮型」──即使收入穩定也總覺得不夠；
- 二是「報復性消費型」──長時間壓抑後一次性花光；

## 第十章　設計你的財務心理系統，讓錢流進來

- ◆ 三是「計畫拖延型」──對財務計畫總是覺得無從下手；
- ◆ 四是「金額麻痺型」──對金錢失去數量感，無法判斷規模大小；
- ◆ 五是「帳戶逃避型」──不願檢視帳戶餘額與收支明細。

這些行為看似各異，其實共通點都是：「內在節奏感缺失」。就像一首音樂若節奏混亂，再高昂的旋律也難以產生穩定的感受，財務亦然。你可以有起伏，但你需要一個可預期的節奏作為基底。

### ➡ 設計屬於你的金錢節奏儀式

建立財務節奏並不需要精密的試算，而是先從生活節奏中找到可以對應的財務節點。舉例來說，每月第一個週一是「帳戶整理日」、每週五是「花費檢查日」、每個月 20 號是「未來預算盤點日」。這些簡單的儀式感，能讓潛意識對金錢形成熟悉感，進而降低焦慮。關鍵不在於效率，而在於「重複性」。只要你能固定頻率、固定方式處理金錢，不論金額大小，你的系統就會逐漸建立「這是我能掌控的節奏」的心理記憶。這就是所謂的財務節奏儀式，它是讓你內在節律與外在金錢一致化的日常實踐。

## 第六節　不穩定的財務節奏，讓你抓不住安全感

### ➡ 財務週期感：結構與彈性的雙重設計

除了例行儀式外，建立財務週期感也能進一步鞏固金錢節奏。週期感的設計原則是「一部分穩定、一部分彈性」。你可以將支出與收入分為固定週期（如每月一次薪水、每季一次大額計畫），與彈性週期（如臨時收入、彈性儲蓄、機動性花費）。這種分類方式的好處在於：當臨時事件出現時，你能夠用「彈性週期」吸收變動，而不至於打亂「穩定週期」的秩序。這樣的設計不但能提升你面對突發財務狀況的心理韌性，也能讓你在大方向上維持金錢結構的穩定。透過語言與週期配對，你會發現原本混亂的財務行為，其實可以變得如同心跳一般，有節奏、有高低、但總能回到均值。

### ➡ 安全感不是錢給你的，是節奏讓你撐住的

真正能夠讓你感受到穩定的，不是帳戶裡的餘額，而是你是否擁有一個能預期、能複製、能自我調整的金錢節奏。財務節奏感不僅影響你的金錢管理能力，更會深刻影響你的生活決策與心理狀態。請不要再用「我很會存錢」或「我花錢太衝動」來評價自己，那只是現象，不是結構。你真正該建立的，是一套能在變動中支撐你的節奏系統。當你擁有節奏，你就不會在財務起伏中失速；當你理解節奏，你就能在焦慮來襲時穩定應對。從現在起，請你練習與金錢同步呼吸，讓它不再是風暴，而是一種內在的韻律。

第十章 設計你的財務心理系統，讓錢流進來

## 第七節　財富不流動，
## 　　　　是因為你還沒準備好接收

### ➡ 「接收困難」的心理盲點

許多人在財務工作上不斷努力、學習、投入，但收入依然停滯、金錢流入有限，這並不一定是因為能力不足，而是因為「還沒準備好接收」。所謂的「接收困難」，是心理學上常見的潛意識阻抗現象。這種阻抗可能來自於對金錢的羞愧、對自我價值的懷疑，或對過去財務失控經驗的創傷記憶。當你對於「自己值得擁有財富」這件事尚未建立足夠的心理安全感時，金錢即使出現在眼前，你也可能會下意識錯過、婉拒甚至主動排除。卡爾‧羅傑斯的觀點指出：當經驗與個體的自我概念不一致時，人往往會出現抗拒與排斥。這說明了，若你對自己的金錢身分仍停留在「不足」、「不配」、「不會」，那麼即使機會來了，你的潛意識也會阻擋它真正流入。

### ➡ 建立「接收狀態」的心理結構

要能真正迎接財富流入，必須先在心理上為金錢「預留空間」。這不只是心態，而是一種結構。你需要一套「接收狀態」的心理架構，包含三個要素：一是允許──承認自己值得、接受豐盛的可能性；二是預備──為金錢設計容器與角色，例如

## 第七節　財富不流動，是因爲你還沒準備好接收

開立特定帳戶、建立使用規劃；三是協調——讓你的生活節奏、工作模式與人際互動具備承接財富的彈性。舉例來說，一個願意接收的心理狀態，不會在聽到合作機會時下意識說「我可能沒空」，而會說「我來看看怎麼調整時間」。這些語言上的細節，就是你是否準備好迎接財富的線索。接收不是消極的等待，而是主動的開放。

### ➡ 接收儀式：轉化潛意識抗拒的實踐方法

在實際生活中，你可以透過「接收儀式」來穩定地練習這項能力。接收儀式並不神祕，它是一種心理暗示與語言重建的結合練習。每天早上起床後或晚上睡前，可以對自己說三句話：「我允許自己擁有更多」、「我值得接受支持與資源」、「我準備好接收來自世界的豐盛」。這些語言不只是口號，而是潛意識語境的重編。你也可以為接收儀式搭配一個簡單動作，如展開雙手、點頭、深呼吸，讓身體與語言同步，強化訊號輸入。透過這種日常重複儀式，你的潛意識會逐漸鬆動原本的抗拒，開始建立「接受是安全的」、「我可以承載豐盛」的內部邏輯。

### ➡ 設計承接財富的行動系統

除了心理練習，還需透過實際行動讓自己具備接收財富的能力。這包含設計一套「財富承接系統」，例如：當你多一筆收入時，有沒有清楚的流向規劃？是否有一個空間可以放置額外

## 第十章　設計你的財務心理系統，讓錢流進來

金錢的用途？你是否已建立「財富成長角色清單」，讓每一次的收入都有明確對應的意義與流向？這些細節將決定你是否能「留住」財富，而不只是「遇見」財富。接收不等於被動擁有，而是積極擁有一套系統，能夠承接、處理、擴展並善用財富。當你能預備好這樣的系統，財富不再是偶然，而是可以流動進來並持續擴大的自然現象。

### ➡ 準備好的人，才接得住流進來的財富

金錢不是只流向努力的人，而是流向「準備好」的人。準備好，不只是學會更多理財知識，而是你是否已經建立好一套心理與行動的接收結構。財富是一種流動的能量，它尋找能承接它的容器。若你過去總覺得機會錯過、資源溜走、豐盛遙不可及，請不要再責怪自己運氣差，而是回頭看看：你的語言、信念、行動是否允許金錢留下來？從今天開始，建立你的接收狀態、設計你的承接儀式、擴張你的內在容器，讓自己成為一個可以承接更多的人。這不是神祕力量，而是最務實的心理與結構練習，也是財富真正開始流入的起點。

第七節　財富不流動，是因爲你還沒準備好接收

國家圖書館出版品預行編目資料

金錢會聽話，重寫你的財務信念與行動：錢不是你賺不到，而是你不自覺地在拒絕它 / 江昊然 編著. -- 第一版 . -- 臺北市：財經錢線文化事業有限公司, 2025.09
面；　公分
POD 版
ISBN 978-626-408-377-5( 平裝 )
1.CST: 金錢心理學
561.014　　　　　　114012631

電子書購買

爽讀 APP

# 金錢會聽話，重寫你的財務信念與行動：錢不是你賺不到，而是你不自覺地在拒絕它

臉書

編　　著：江昊然
發　行　人：黃振庭
出　版　者：財經錢線文化事業有限公司
發　行　者：崧燁文化事業有限公司
E - m a i l：sonbookservice@gmail.com
粉　絲　頁：https://www.facebook.com/sonbookss/
網　　址：https://sonbook.net/
地　　址：台北市中正區重慶南路一段 61 號 8 樓
8F., No.61, Sec. 1, Chongqing S. Rd., Zhongzheng Dist., Taipei City 100, Taiwan
電　　話：(02) 2370-3310　　傳　　真：(02) 2388-1990
印　　刷：京峯數位服務有限公司
律師顧問：廣華律師事務所 張珮琦律師

-版權聲明

本書作者使用 AI 協作，若有其他相關權利及授權需求請與本公司聯繫。
未經書面許可，不可複製、發行。

定　　價：350 元
發行日期：2025 年 09 月第一版
◎本書以 POD 印製